高校外语教育创新理念与教学实践研究

智　琪◎著

吉林出版集团股份有限公司
全国百佳图书出版单位

图书在版编目（CIP）数据

高校外语教育创新理念与教学实践研究 / 智琪著 . 长春 : 吉林出版集团股份有限公司 , 2024. 12. -- ISBN 978-7-5731-6102-4

Ⅰ . H09

中国国家版本馆 CIP 数据核字第 2024RQ0605 号

高校外语教育创新理念与教学实践研究

GAOXIAO WAIYU JIAOYU CHUANGXIN LINIAN YU JIAOXUE SHIJIAN YANJIU

著　　者　智　琪
责任编辑　蔡大东
封面设计　守正文化
开　　本　710mm × 1000mm　　1/16
字　　数　210 千
印　　张　11
版　　次　2024 年 12 月第 1 版
印　　次　2024 年 12 月第 1 次印刷
印　　刷　天津和萱印刷有限公司

出　　版　吉林出版集团股份有限公司
发　　行　吉林出版集团股份有限公司
地　　址　吉林省长春市福祉大路 5788 号
邮　　编　130000
电　　话　0431-81629968
邮　　箱　11915286@qq.com
书　　号　ISBN 978-7-5731-6102-4
定　　价　71.00 元

前　言

高校外语教育理念的发展，与国家战略需求、科技进步以及教育改革有着密切的联系。在新的时代背景下，高校外语教育不仅要符合国家培养高素质人才的需要，还要适应新文科建设的需要，通过创新教学模式和方法，提升外语教育的质量和效率。具体来说，高校外语教育理念的现状和发展趋势体现在以下几个方面：

第一，对接国家战略需求。高校外语教育要认真贯彻落实党的二十届三中全会精神，主动对接国家重大战略和重大任务对外语人才的需求，加强学科专业调整和人才培养模式创新，培养高素质外语人才。

第二，适应新文科建设。在新文科背景下，高校外语教育空间的设计应充分考虑学科特点，提供能促进师生、生生交流与提高课堂效率的教室布局及配套设施。同时，传统以教室为主的高校外语教育空间受到冲击，大量外语教学活动转为网络空间模式，数字化课堂、智能批阅、电子评价、虚拟化师生互动成为常态。

第三，创新教学模式和方法。改变评价体系，引入新的教学方法和技术，如数字化课堂、智能批阅等，以适应信息时代的发展需求。

第四，培养复合型人才。通过“小语种 +”的创新教学模式，将小语种课程与国际贸易、电子商务等热门领域结合，旨在培养适应社会需求的复合型人才。

第五，注重跨文化交际能力的培养。外语教育不仅是为了让学习者学习一门语言，更是为了拓宽学习者的视野、提升跨文化交际能力，从而更好地适应多元化的社会环境。

综上所述，高校外语教育理念正在不断发展和完善，以适应国家战略需求、科技进步和教育改革的需要，旨在培养具有国际视野和跨文化交际能力的高素质人才。

实践教学是指通过与实际工作环境相结合的教学方式，使学生能够将所学的理论知识应用于实际情境中，培养学生的实际操作能力和解决问题的能力。与理论教学相比，实践教学更注重学生的学习和实际操作，通过研究真实的案例、模拟实践、实地观摩和实践实习等方式，让学生能够身临其境地感受和运用所学知识。

本书主要研究高校外语教育创新理念与教学实践，并展开探索。第一章主要讲述的是高校外语教育，从四个方面进行叙述，分别是高校外语教育概述、高校外语教育模式与方法、高校外语实践教学以及高校外语教育现状；第二章主要介绍高校外语 OBE 教育理念及其实践教学，从四个方面进行叙述，分别是高校外语 OBE 教育理念概述、高校外语 OBE 教育理念实施、OBE 教育理念在高校外语实践教学中的实施案例以及高校外语 OBE 教育理念的展望；第三章主要介绍高校外语 POA 教育理念及其实践教学，从四个方面进行介绍，分别是高校外语 POA 教育理念的创建及发展、高校外语 POA 教育理念的特色、POA 教育理念在高校外语实践教学中的实施案例以及高校外语 POA 教育理念的反思与展望；第四章主要介绍高校外语语言实验教学理念及其实践教学，从四个方面展开叙述，分别是高校外语语言实验教学概述、国内高校语言实验室现状、高校外语语言实验课型与教学设计以及高校外语语言实验教学理念的展望；第五章主要介绍高校外语教育与信息技术融合理念及其实践教学，从四个方面展开叙述，分别是高校外语教育与信息技术融合理念、高校外语教育与信息技术融合理念的形式、高校外语教育与信息技术融合理念的实践案例以及高校外语教育与信息技术融合理念的展望。

在撰写本书的过程中，作者参考了大量的学术文献，得到了许多专家、学者的帮助，在此表示真诚的感谢。由于作者水平有限，书中难免有疏漏之处，希望广大读者和同行指正。

智琪

2024 年 7 月

目 录

第一章　高校外语教育

本章主要讲述的是高校外语教育，从四个方面进行叙述，分别是高校外语教育概述、高校外语教育模式与方法、高校外语实践教学，以及高校外语教育现状等内容。

第一节　高校外语教育概述

一、外语教育的目标

当代外语教育改革大体经历了教育目标的四个转向，我国外语教育的目标也经历了同样的过程。

第一个转向是“知识中心”论。即知识是教学实践的中心，知识是教师教学活动的核心和标准。

第二个转向是“教法中心”论。其理论基础为行为主义语言学，改革者认为，如何“刺激”学生的“反应”是教学的决定因素，教法是教师教学活动的核心和标准。

第三个转向是“教师中心”论。当教法开始“统治”教师时，教师自然会为了自己的“自由”而抗争，因此，开始提倡“教无定法”。

第四个转向是“学生中心”论。其基础为交际语言学理论，改革者认为，语言是一种活动方式，只有在交际活动中，语言才能体现真正的价值。

（一）外语教育目标的内涵

教育目标是指通过系统性教育实现希望达到的效果。它不仅映射了教育活动的演进路径与核心价值取向，还精确界定了教育的质量标杆与衡量尺度。教育者需要根据教育目标设定教学培养目标、选择教育方法以及筛选教学内容。

在外语教育中，教育目标、教学活动与教学评价三者紧密交织，而教育目标则稳居核心地位，对后两者发挥着引领与规范作用。具体而言，教育目标准确界定了外语教学中应涵盖的知识范畴、技能层次及能力标准，是外语教育实践的逻辑起点与最终归宿。它为教学活动指明了方向，确保每一个环节都紧密围绕提升学生的语言能力、跨文化交流能力及综合素养展开。同时，教育目标是教学评价体系的基石，为评估教学效果、衡量学生进步提供了清晰的标准与框架。通过对照教育目标，可以客观判断教学活动的成效，及时调整教学策略，确保外语教育目标的实现既具前瞻性又具可操作性，最终促进学生全面发展，实现外语教育的深远意义。

（二）外语教育目标的功能

外语教育目标具体体现在外语教育的内容上。在制定教育目标时，要紧密关联内容标准，并充分考量学生个体差异，有效整合教育资源，以确保目标的制定既遵循教育基本规律，又顺应学生成长趋势。简而言之，实现外语教育目标不仅是教学的终极追求，亦是其出发点。综合而言，外语教育目标承载以下三大核心功能：

第一，导向功能，深刻影响教学方式的选择与教学方法的实施。教育目标如同灯塔，指引教育活动的发展方向，如果缺乏明确目标，则难以甄选高效的教学方法。

第二，定向功能，明确外语教育的总体走向。目标的设定为学生的学习提供了方向，促进教学活动围绕既定目标有序展开。此外，目标的设定使师生双方均能明确各自的努力方向，进而增强教学与学习的目的性。

第三，检验功能，服务于外语教育教学的实际评估。也就是说，能够依据教育目标合理地定期检查一段时间内的外语教育教学工作，使外语教育工作能够更好地开展，进而向着外语教育目标的方向前进。

外语教育是外语教师对学生进行的教育活动。外语教育的目标不仅要由教师把握，学生也需要把握。作为教师，首先确定和掌握外语教育的总体目标，这一点是至关重要的。在外语教育中，教师应持有明确的目标意识，将教学目标细化至各知识点的教学实践中，实现从教学成果导向到重视教学过程的转变。对学生而言，明确学习目标，把握知识要点，树立清晰的学习方向，是学习外语过程中不可或缺的环节。

总而言之，外语教育的目标是提前阐述外语教育在规范的时间内应该达到的要求，要在外语的不同教育阶段表现出不同的教育价值。这种教育目标的定义也是受到世界各国学者一致认可的。

（三）外语教育目标的内容

1. 培养学生的文化品格

教师要深刻审视外语教育的人文属性，认识文化教学的重要性，明确教学目标，注重培养学生的文化品格。这不仅是提升学生个人综合文化素养的必经之路，还是适应国家和社会发展对高素质人才需求的必然选择。学生的文化品格是其内在的文化认知和修养的体现，也是其外在文化活动和行为的反映，它与学生综合文化素养之间存在着内在的一致性。因此，提高学生的综合文化素养，离不开对其文化品格的培育。当前，国家和社会对学生的外语能力要求已不再局限于简单的视听识别和理解，而是要求学生在理解语言的基础上，能够深入文化背景，理解语言更深层次的意义。这就需要学生具备超越文化背景和更深层次沟通交流的能力，包括甄别、选择及吸收其他国家优秀文化的能力，以及弘扬、宣传和输出我国优秀传统文化的能力。高校在开展外语教育时，应注重学生优良文化品格的培养和文化能力的提升。只有如此，才能培养出真正适应国家和社会发展需求的高素质人才。这样的学生不仅能真正融入社会，还能满足社会发展对优秀人才的全方位要求。

综上所述，外语教育中文化品格的培养具有极其重要的现实意义。教师、学生以及高校都应共同努力，探索出更为有效的教学路径，以实现学生文化品格的全面提升，从而推动其综合文化素养的不断提高。

2. 提升学生的文化自信

对于广大学习者和教师群体而言，从专业的视角深入解读“文化”与“自信”的内涵显得尤为重要。在古代汉语的语境中，“文”与“纹”互通，指事物在运动过程中所留下的轨迹与印记。这些轨迹和印记记录了事物发展的脉络和历程。而“化”字，常与“变”字连用，表达事物从无到有的转变过程。因此，“文化”一词，可理解为人类在改造自然的过程中，所创造的一切事物或行为的记录，它们见证了人类的智慧与努力。“自信”则是心理学领域的核心概念。自信是个体对自身的积极评价，是内心深处的一种自我肯定与信念，是对自身能力和自身价值的认可。在这种背景下，“文化自信”应运而生。它代表着个体或群体认可本国、本民族及本地区在历史长河中，通过实践所创造的各种成果。同时，它代表着人们能有效传承这些成果，并能通过实践将其进一步发扬光大的信心。从历史的角度看，文化是过去的映照，是前人智慧的结晶和努力的见证。而文化自信则是现代的呼唤，是当代人对历史成果的肯定与尊重，更是对未来发展的信心与期待。它激励着个人与社会不断前行，不断创造新的文化成果，推动着社会向前发展。

综上所述，在教学过程中，培养学生的文化自信、推动文化传承与创新对我国的发展具有重要的意义。只有学生深入理解文化的内涵，才能更好地传承与发扬本国、本民族及本地区的优秀文化传统，为社会的进步与发展贡献力量。

3. 提高学生的交际能力

我国外语教育发展迅速，招生规模也在不断扩大。国际合作交流对优秀人才的人际交往能力提出了更高的要求，不能只注重理论，而忽视应用。当今社会，在人力资源市场上，学生的交际能力成为用人公司筛选人才的首要因素，由此，高校也不约而同地为培养交际能力强的外语人才而努力。

4. 提升学生的辨别能力

通常外国的文化、制度、历史、语言是高校外语课程教学的主要内容，有关国内的情况，如中国价值、中国精神等涉及较少。因为大学生正处于人生的黄金阶段，思维非常活跃，但是其辨别能力较差，所以很容易被如今的多元文化影响。外语课程不仅能提高学生的语言能力，还能使其思想觉悟得到提高，从而使学生对各种文化有更强的辨别能力。

二、外语教育的基本原则

（一）以学生为中心原则

以学生为中心是随着我国主体性教育的深入发展和素质教育改革的推行，而逐步盛行的一种教育核心理念，是教育改革创新的主要基调，是教育高质量发展的客观性规定。以学生为中心作为一种新的教学核心理念，具备丰富的意义，其本质是根据高质量的外语教育推动学生的高质量发展，进而完成外语教育发展的总体目标。

1. 以学生的需求为中心，选择教学内容

学生的需求是教师开展外语教育的立足点和归宿，达到学生的要求是激起学生学习兴趣的前提条件。形成以学生为中心的教学观，要以学生的需求为价值标准，挑选符合学生学习需要、能力提升需要的实践创新规定的教辅资料。在教学内容中体现学生的主导作用，注重学生的主体地位，重视学生的主体价值，维护学生的合法权益。

随着市场观念逐渐深入教育领域，外语教育必须紧跟时代步伐，将“顾客至上”的原则融入教学实践中。外语教育需要更加关注学生的个体差异和需求，根据学生的喜好、价值观，灵活调整教学内容和教学方法，充分开发学生的潜能，激起学生的求知欲和好奇心，这样才能保证教学质量，实现外语教育的高质量发展。

2. 以学生的生活为中心，组织教学活动

学生的灵感和创新源于丰富多彩的生活，因此，外语教育务必以生活为教学活动的主要载体，进而提高学生的素养。

每个学生对于世界的看法都是不同的，对于生活的了解也各不相同。由此可见，以学生的生活为中心组织教学活动并不是单纯地在外语教育中对学生生活的画面进行描绘，也不是用外语教育的知识对学生的生活场景进行解说，而是在教学中始终保持学生的主体地位。因此，为了保证每个学生生活的独特性，必须尊重每个学生对生活的理解。外语教育要以学生的生活为中心组织教学活动，本质上就是要唤醒和释放学生本性中的精神渴望，使学生天赋潜能和内心自由都能得到释放，使外语教育真正满足学生的愿望，成为解放心灵和启迪智慧的活动，让学生能够在外语教育中找到自我，体会学习的快乐。

3. 以学生的发展为中心，评价教学效果

促进学生发展是教学评价的实质。换句话说，只有教师为了学生的发展而教、学生为了自己的发展而学，才能产生高质量的教学评价。在互联网技术时代，教师的外语教育致力于使学生学好专业知识、战胜困难、学会思考、学会团结合作，进而全方位发展成具备创新意识和实践能力的人。评价教师的“教”是否达到了这样的教学效果，关键在于是否能建立一种以学生发展为中心的评价机制，即现代教学评价应当是一种以促进学生高质量发展为根本宗旨的发展性评价模式。

总之，当代外语教育教学评价要以学生的发展为中心评价教学效果，激励学生自身评价，推动学生的发展，激发学生的潜力，提升学生的学习效率。

（二）情感教学原则

1. 寓教于乐原则

寓教于乐，简单地说是将教育内容与学生喜欢的、有意思的主题活动结合在一起，传送给学生，在学生积极学习的情感状态中达到外语教育的目的。在外语教学领域，教师需要高效整合现有的教学资源，旨在激发并维持学生的正面学习情绪。根本而言，内驱力是学生进步的源泉，唯有当学生内心深处萌生“我欲学，我需学”的强烈愿望时，方能促其积极投身于课堂活动，并热爱学习。教师需要深入观察学生的学习动态，巧妙串联其兴趣点，构建“兴趣链”，实现学生的兴趣与内在学习需求的深度融合，进而让学生获得“学中有乐”的深层次体验，从而激发学生长期且强烈的学习动力，这对外语教育教学的长远发展具有深远意义。

2. 以情促教原则

“以情促教”强调情感交流在教学过程中的催化作用，这有利于帮助学生更好地内化知识。在此原则下，教学活动需要基于“情感”展开。教师需在课堂上展现积极向上的情感风貌，即便面对个人生活的挑战，也应调整心态，以饱满的热情面对学生求知的目光，通过教学语言与肢体语言的细腻表达，让学生深切感受到并认同这份情感。为此，教师应积极调动各类正面教学要素，力求外语教学成效的最大化。同时，教学内容与教学情感应相辅相成，如哀婉故事配以沉郁语调，欢乐场景则以愉悦情绪展现，确保情感与教学内容的和谐统一，从而引导学生进行更深入的理解和体会，避免情感与内容脱节，造成学生的困惑与不适。

3. 情感交融原则

“情感交融”是指教师和学生在教学过程中情感的沟通交流与结合，教师通过营造温馨、自由、和谐的氛围，推动外语教育的顺利开展。教师需要在外语教育的全过程中落实“以人为本”的理念，尊重学生的所思所想。这样，学生就能放松地表达自己真实的想法，从而有利于教育目标的实现。

4. 迁移感染原则

“迁移感染”简称为“移情”，是指学生情感在正向迁移中受到积极的影响与熏陶，其效果深远，不可小觑。作为教师，应谨记自身的榜样作用，言行举止皆应符合教育职业的高标准要求。教师要凭借深厚的专业素养与独特的人格魅力赢得学生的敬仰。通过这种方式，教师不仅能传授知识，更能激发学生的情感共鸣，促进其全面发展。

（三）实用性与实效性原则

1. 实用性原则

外语教育的实用性原则强调教学内容和方法的实际应用价值，旨在提高学习者的语言应用能力。这一原则要求教学活动不仅要传授语言知识，还要培养学习者在实际交流中的语言运用能力。通过将语言学习与实际生活、工作场景相结合，学习者能够更好地理解和掌握语言技能，从而提高学习效率。

2. 实效性原则

外语教育的实效性原则是指在外语教育中，教学内容和方法应紧密围绕实际需求，注重培养实效，致力于揭示外语教育的本质特征、人才成长的基本规律以及有效的教学方法。这一原则强调外语教育应瞄准实际需求，“脱虚入实”，注重培养实效，通过一系列系统的学科教育改革措施，如优化课程设置、完善教学体系、加强教材研发、持续开展教师培训，以及深化实践教学和实践能力培养等，全面提升和加强外语教育教学的质量和效果。

第二节　高校外语教育模式与方法

一、高校外语教育模式

（一）情感教学模式

1. 情感教学模式概述

（1）情感及情感教学的内涵

情感是人心理活动的复杂情绪化表现，具有多重性、敏感型、非理性的特点。

情感教学作为一种教学策略，旨在通过教师的精心设计与实施，有效激发、调动并满足学生在学习过程中的情感需求，从而促进教学活动的高效开展。情感作为人类内在世界的核心要素与学习的催化剂，不仅关乎学生的精神成长，也是促进学生理解知识的关键驱动力，其重要性不言而喻。在教学过程中，教师应成为情感的调节者与利用者，巧妙地将情感因素融于教学之中，激发学生的兴趣、动力等，以此提升课堂教学的效率与质量。

（2）情感教学模式的功能

利用情感，教师能够更好地与学生展开真实的交流，推动教学活动的顺利展开。感染功能、协调功能、动力功能、调节功能是情感教学模式的主要功能。

①感染功能

情感感染功能是指教师需运用多样化的方法，将教材中蕴含的情感元素及自身的情感体验传递给学生，通过情感的外部表现影响并陶冶学生的内在情感世界，从而调整学生的情绪状态，满足其情感需求。为实现这一目标，教师需创造性地运用教材内容，结合学生生活实际与兴趣点，创设富含情感色彩的教学情境，以此引起学生的情感共鸣，加深他们对知识的感悟与掌握。同时，教师个人的情感投入同样关键，教师要用自己的仁爱和关切之情与学生沟通交流，营造积极、和谐的教学氛围，这是情感教学成功的基石。情感教学应充分发挥其正面的感染力量，以积极、健康的情感为媒介，激发学生的内在学习动机，促进其情感态度与价值观的正向发展，最终实现知、情、意、行的全面教育目标。

②协调功能

情感协调功能在教育中具有至关重要的地位。此功能特指教师通过情感来缓和以及拉近教师与学生的关系。学生在教学活动中具有主体地位，因此情感教学要求教师转变传统的教学观念，积极推动教学民主。当师生关系和谐时，表明教师与学生之间的情感联系紧密，互相了解与喜爱。通常情况下，学生若对某科教师有好感，往往会积极学习该学科，并付出更多精力。在教学实践中，只有当师生之间互相尊重并紧密配合时，学生才更愿意表达自己真实的观点和见解，从而有利于教学活动的顺利展开。情感在时间和空间上具有弥散性，教师能够利用外部情感激发学生的潜在情感因素。通过情感教学，教师可以用自己的情感去影响和培养学生的情感，从而在师生间的和谐情感关系中对学生的学科核心素养进行培养。因此，情感教学对教育实践具有重要的指导作用。

③动力功能

情感动力功能能够对人的行为产生推动作用。当学生处于积极的情绪状态时，如乐观、快乐等，他们对学习的兴趣和主动性会增强。相反，当情绪低沉时，学习的注意力、行动力会大幅下降。因此，外语教师需要对学生的心理状态和身心发展规律进行深入的研究，并在备课和上课的过程中对情感因素进行深入的挖掘。教师想要扭转学生的消极情绪，可以通过组织小组活动、角色扮演和社会实践活动等方式，使学生获得愉悦感，并愿意学习。这样，就能更好地帮助学生内化知识、提高能力。因此，情感教学的动力功能可以有力地促进学生的学习。

④调节功能

情感调节功能可以激发学生产生正向行为，有效鞭策学生投身于学习任务之中。在教育实践中，教师需要促进学生智力与非智力因素的全面发展。具体而言，巧妙运用情感教学的调节功能，策划与课程内容紧密相关的互动活动，使学生在积极的情感互动氛围中更加热爱学习。

针对外语教学这一特定领域，尤为重要的是采用多元化的情感教学策略。这要求教师不仅要传授知识，更要善于利用情感的力量，实现“以知识滋养情感，以情感促进认知”的双重目标。通过这样的教学模式，学生的智力能力与非智力素质得以并驾齐驱，共同发展。简而言之，外语教师应当成为情感与智慧并重的引导者。

2. 情感教学模式在外语教育中的应用策略

（1）营造和谐的课堂氛围

教师需要通过多方面的调整来营造和谐高效的课堂氛围，改变单一的备课模式，在备课前充分考虑学生的学习状况，鼓励学生参与备课过程，以增强学生对课堂的关注度和参与度。备课之前，教师要对学生的性格特征进行深入的理解，根据实际情况建立和谐的师生关系，从而促使学生自觉进行预习。教学应以学生为中心，积极引导学生发挥其主体作用，从学生的实际需求和兴趣出发进行教学设计。

（2）开展情感教学

在外语教育中，教师应注重每个学生的心理需求，通过培养学生的成就感和兴趣来激发学习热情，并帮助学生养成良好的自主学习习惯，以减轻学习压力。对于个别不重视学习成绩的学生，教师可适当施加学习压力，使其认识到学习外语的重要性。

学生个体差异明显，兴趣爱好各不相同。因此，教师可从学生的兴趣点出发进行教学。例如：对于热爱运动、喜欢观看 NBA 等赛事的学生，可积极与其分析运动项目，并探讨相关外语表达；对于热爱阅读的学生，可在提问时积极肯定其爱好，向其推荐适合的外语阅读材料，并鼓励其深入阅读。这样的教学方式不仅能激发学生的学习兴趣，还能通过有效的课堂设计使学生在学习外语的过程中获得成就感。在课堂学习中，学生评价环节非常重要。教师应根据学生的个体差异进行针对性的评价，以提供有效的提示和指引。教师可以通过话语实现对学生的有效评价，帮助学生培养发散性思维，并充分发挥情感教学在评价中的积极作用。在教育教学过程中，教师应遵循专业准则，以简洁、客观的方式评价学生。在评价时，教师要以微笑为伴，运用充满激励的语言以及饱满的情感去影响和感染学生。在课堂教学中，教师应当融入情感，营造和谐而美好的学习氛围，以引导学生顺利完成外语学习任务。通过这种方式，学生能够更好地沉浸在积极向上的学习环境中，从而加强学习效果。

（3）丰富课堂教学形式

在教学过程中，教师必须采取多元化的手段进行教学，以便于更好地让学生掌握语言学习的核心内容。在教授语言时，鉴于其本身的枯燥性，教师必须注重教学方法的优化。教师可以采用情境教学的方式，为学生创造一个特定的场景，使其置身其中，从而推动学生更好地感知语言并运用语言进行交际。比如，在讲述“Christmas”（圣诞节）时，教师可以先从中国的春节入手，描述节日期间人们的活动与习俗。接着，可以引导学生利用网络或书籍等资源对春节背后的神话传说和故事进行探索。这样，不仅使学生理解节日的由来，还能引导其分析不同节日间的差异，如庆祝方式、饮食习惯等。教师需要有效引导学生，阐述中国传统节日所承载的民族情感和文化底蕴，让学生在学习外语的同时，也能感受到中国文化的博大精深。此外，课堂上情感交流的和谐性对于学生的文化认知具有深远影响。因此，教师还可以通过设置开放性问题来鼓励学生参与讨论，以平等的姿态进行提问，使学生在心理上得到鼓励，从而激发他们的学习兴趣，培养其积极的学习态度。除了课堂上的互动与引导，教师在课下也应积极与学生沟通，分享个人情感与经历，并密切关注学生的情感变化。这样不仅能增强师生间的情感联系，也有利于更好地开展有针对性的教学。

借助多媒体工具可以更加直观和形象地展示教学内容，这也是一种创新的教学方式。例如，通过展示多彩的画面、提供音频和视频资料、播放外语原声对话等，能让学生更真实地感受外语对话中的情感转折。学生在这种生动的外语学习情境中会更加热爱学习。例如，在对饮食健康进行讲述时，教师可以借用多媒体向学生展示健身人士的照片，并询问学生：“Do you often take exercise？（你经常锻炼吗？）Why should we do exercise every day？（我们为什么每天锻炼？）”随后，引导学生自觉了解饮食健康的相关内容。在询问过程中，教师应该根据学生的学习情况设置合理的问题，这样可以避免学生由于不会而产生消极情绪。

（二）分级教学模式

1. 分级教学模式概述

（1）分级教学的概念

分级教学模式的定义十分多元，尤其在国际教育界，多被视为依据学生能力差异实施的班级或小组化教学，亦称之为分层教学。该模式的具体实践包括班内分层与走班式分层两种形式。班内分层教学策略，即教师在深刻理解每位学生基础与能力的前提下，灵活调整教学策略，实施差异化教学，旨在通过个性化培养方案，促进每一位学生根据自身水平稳步发展，进而实现教育公平与质量的双重提升。走班式分层则是一种更为灵活的学习模式，鼓励学生基于自身综合能力与兴趣爱好，自主选择适合的班级学习，此举措不仅强化了因材施教的教育理念，还极大地促进了学生的个性化成长与潜能释放，增强了学习的主动性与参与度。

（2）分级教学的内涵

在外语教学领域，分级教学尤为关键，它是根据学生语言能力的差异，量身定制教学内容与方法，既尊重了学生的主体地位，又满足了其多元化发展的需求，有效促进了学生外语综合能力的全面提升。分级教学的精髓在于全方位的分层次实施，不仅体现在教学内容与形式的多样性上，还贯穿于教学评估与考核的全过程，旨在确保每个层次的学生都能获得适宜的成长空间，潜力得以充分挖掘。此外，分级教学还致力于构建一个愉悦且高效的学习环境，充分考量学生的个体差异，包括认知风格、发展路径及兴趣所向，并据此设计个性化的教育方案与评价体系，旨在促进学生全面发展，增强其对外语学习的兴趣与动力，从而在听、说、读、写、译等技能上实现显著提升。同时，教师会针对学生的薄弱点展开分级教学。分级教学也就是差异化教学，坚持的是“以人为本”的理念，有利于学生的个性化发展。

（3）分级教学模式的理论依据

分级教学的理论基础涵盖了美国语言学家克拉申提出的“i+1 理论”、瑞士心理学家皮亚杰的“建构主义理论”，以及英国学者哈钦森与沃特斯的“需求分析模式”。克拉申的“i+1 理论”强调，有效语言学习应基于略高于学习者当前水平的语言输入，过高（i+2）或过低（i+0）的输入均不利于学习成效的提高。其中，i 指的是语言学习者当前的语言状态，1 指的是高于当前语言状态的相关语言知识。皮亚杰的“建构主义理论”主张，学习是学习者基于既有知识，通过与外界环境的互动主动构建新知识的过程，鼓励学生在课堂上发挥主观能动性，通过思考与探索，形成新的认知结构。哈钦森和沃特斯提出的“需求分析模式”的核心在于学习者的学习需求，教师要分析学习者的学习需求，并根据学习者的实际情况对教学计划进行制订，并选取适合的教学方法，展开相应的教学活动，最终顺利实现教学目标。

2. 分级教学模式在外语教育中的应用策略

（1）明确分级教学目标

确立全面、综合、科学的分级标准，对于实现高校外语分级教学的优化发展是至关重要的。借鉴美国著名应用语言学家克拉申的理论，语言的习得需要在理解大量信息的前提下进行，而且输入的信息要稍高于学习者当前的能力水平。这意味着在外语教学中，我们要注重信息的传递，并且要根据学生的实际情况调整语言内容的难易程度。过去的高校外语教学目标通常以学生能否顺利通过等级考试为标准。在这一框架下，教师基于教材和考点安排教学活动，学生处于被动接受知识的状态，不利于提高外语教学的整体质量。

应当建立一套科学、合理的分级标准，来推动高校外语教育分级教学的进一步发展。这一过程需要对学生当前的语言知识能力进行准确的测量。通过评估学生的听、说、读、写、译等多方面的能力，将能力相近的学生归入同一班级，以更好地完成分级教学的目标。为了更有效地实施这一分级标准，学校可以在新生入学后组织一次统一的外语分级测试。这次测试将全面检测学生的外语能力，包括听、说、读、写、译等多个方面，从而准确了解每个学生的外语能力水平。学校应综合考虑学生的高考成绩和入学分级测试结果，对学生的外语综合应用能力进行全面评价。这样的评价方式不仅考虑了学生的基础能力，还考虑了他们在学习过程中的进步和变化。根据学生的实际外语知识应用能力水平，将他们编入相应的班级进行学习，这样不仅可以提高教学效率，还能增加测试数据的精确性和可信度。

综上所述，高校外语教育的分级教学改革需要从制定科学、合理的分级标准开始。这样的改变将有助于提高高校外语教学的质量，更好地满足学生的需求，并推动高校外语教育的持续发展。

（2）加强师生情感建设

第二语言习得是一个多因素影响的过程，其中，学生自身的情感因素同样起到至关重要的作用。除了认知和生理因素，学生的情感状态会直接影响其第二语言学习的效果。当学生拥有积极的情感态度时，他们会更加愿意投入学习，敢于面对学习中的挑战和困难，这样有助于教学活动的顺利进行，并推动教学目标的达成。相反，消极的情感态度则可能阻碍学生的语言学习。因此，在实施外语分级教学之前，教务管理部门应积极开展宣传工作，使学生充分理解分级教学的目的、意义以及具体实施方式。同时，各学院应积极与每一位学生进行沟通，尊重他们的个人意愿，并广泛收集、整理和上报学生对分级教学的意见。在确定学生的分级班级时，应综合考虑学生的高考成绩、分级测试成绩和他们的个人意愿，确保每个学生都能被公正地对待。在分级教学过程中，教师应平等对待所有学生，尊重他们的个体差异。在课堂教学中，教师应多与学生进行互动交流，给予学生情感上的关怀和支持。这样的教学方式有助于帮助学生更好地适应分级教学模式，提高他们的学习积极性和学习成绩。总的来说，第二语言习得的成功不仅依赖认知和生理因素，也高度依赖学生的情感态度。在高校外语分级教学中，我们应关注学生的心理状态，做好宣传和沟通工作，尊重学生的个人意愿，并通过有效的教学方法帮助学生克服学习困难，加强学习效果。

（3）完善教学管理体系

在外语分级教学实践中，各高校应紧密贴合学生实际需求，积极革新外语教学策略，广泛融入“交际式”与“情境式”教学模式，以增强师生互动，有效激发学生的外语学习动力。此外，应加强教学管理部门与外语教师的合作，积极构建高效的外语分级教学管理体系。具体而言，教学管理部门应发挥关键作用，通过提供全面支持与精准指导，与教师紧密配合。这一体系旨在优化分级教学策略的实施，确保分级教学的有效实施。针对分级过程中可能出现的班级管理重叠、等问题，教学管理部门可灵活采用动态管理机制，在确保正常教学活动不受干扰的前提下，对分级班级实施灵活调整与有效监督。同时，明确界定各级管理部门的职责边界，确保责任到人，从而促进高校外语分级教学的顺畅运行与持续发展。通过教学管理体系的完善，可以有效提升外语分级教学的质量与效果，为学生创造更加积极、高效的学习环境，推动高校外语教育向更高水平发展。

（4）建立完善的分级教学评价机制

在高校外语教学中，为了全面评估学生的语言学习能力并增强学生的学习动力，教师应实施一种灵活的考核策略。这种策略应根据学生不同的学习水平，采用不同难度的试题进行考核，同时要确保整体考核方案的大致一致性。在混合式教学模式下，学校应构建一个终结性评价与过程性评价有机结合的综合性的教学评价体系。

在这个体系中，终结性评价和过程性评价分别扮演着重要的角色，但它们的比重应有所区别：在考试类型中，两者各占 50% 的比例；在考察类型中，终结性评价占 30%，而过程性评价占 70%。混合式分级教育模式为高校外语课程模块的考核评价提供了更为直观的方式。例如，听力模块的考试通常是在学期末以班级为单位进行，学生在指定教室和规定时间内完成考核习题。在这一过程中，教师要在平台后台预先设置各内容模块的分值比例。当学生完成学习时，计算机系统便能自动生成包含学生学习时间、学习分数、答题准确率等各项数据的成绩报告，这样的评价方式既便捷又准确。

通过上述措施，学校能够更全面、客观地评价学生的学习能力，并有效激发其学习的主动性和积极性，显著提高其语言交际水平与能力。这不仅有助于学生个人的成长与发展，也为高校外语教学质量的提升奠定了坚实的基础。

（三）个性化教学模式

1. 个性化教学模式的概念

人的个性是一个多层次、多面向的复合结构，它不仅是对个体人格的全面反映，还具备一系列特有的属性。它是一个整体性的存在，涵盖了相互关联、社会性的特征，并且展现了稳定与可变之间的平衡。个性是多维度的复合体，在人的维度上，个性体现了尊严与健全人格的核心价值。在个性的维度上，个性则凸显了生理、心理等方面的独特性。统一性的维度则强调了共同性与个体独特性的和谐统一。

在教育教学领域，个性化教学是一种群体教学模式，在这种模式中，学生的学习时间和进度都比较灵活。由于每个学生的学习特征存在差异，包括学习习惯、学习态度、学习归因等，因此教师在实施个性化教学时，必须深入考虑这些特征，为每个学生量身定制教学方法，以实现精准提高学生学习成绩的目标。

2. 影响外语个性化教学的主要因素

（1）学生因素

①学生的学习模式

当学生进入大学阶段后，学习方法的转变是他们首先需要面对的事情，这深刻地影响了其外语学习的成效。在高校外语教学中，教学环境得到了拓展，不仅包括课堂内的讲授，还包含课外实践活动。这种教学模式的转变，旨在通过实践活动加深学生的学习印象，并拉近师生间的关系。

②学生的学习兴趣与学习动机

学生对学习的情感，即学习兴趣，对于维持学生的学习情绪和加强学习效果具有重要影响。

③学生的外语学习策略与方法

学习策略是实施个性化学习的前提条件。它不仅对学生的学习效果有深刻的影响，还对个性化教学的实施有一定的制约作用。只有当学生拥有良好的学习策略时，他们才能形成自主学习的意识。因此，教师和学校在教导学生时，应当注重培养其学习策略的应用能力，以促进其形成自主学习能力。

综上所述，个性是个体独特的标识，个性化教学则是现代教育的重要方向。通过深入理解学生各方面的因素，可以更好地实施个性化教学，培养学生的自主学习能力，加强教学效果。

（2）教师因素

随着社会的飞速进步与全球化趋势的深化，人们期望教育工作者有更强的专业能力和更丰富的专业知识。这不仅局限于要求教师能够深入且准确地理解本专业领域的知识体系，更强调教师应掌握多样化的教学技巧，并能够在教学实践中不断反思、总结与提升。

3. 个性化教学模式在外语教育中的应用策略

因为学生的个人情况、兴趣和目标存在差异，所以不同学生有着各自不同的学习外语的需求。同时，外语教学会受学生个人外语水平不同的影响。教师作为教学过程中的关键角色，必须充分了解并认识学生的个性化需求。在实施个性化教学时，教师要根据学生的实际情况，灵活采用教学方法和策略，以满足学生的不同需求。这样做不仅有助于学生在教学中获取更多知识，还能显著提高他们的外语学习能力，从而使课堂教学效果得到全面加强。

（1）形成个性化的教学观念

个性化教学的成功实施，离不开教师个性化的教学理念。教师需要以学生的需求为导向，尊重每一个学生的个体差异，并努力去了解他们。只有这样，才能真正开展以学生为中心的个性化教学。根据现代外语教学理论，教师需要尊重学生的主体地位。因此，教师应当积极采取措施，吸引学生广泛参与教学活动。在教学过程中，教师应当扮演引导者和支持者的角色，避免过多干涉学生的学习过程和思考过程，让学生成为学习的主人。总之，高校外语教学应以学生为中心，强调个性化教学的实施。教师需要不断更新教学理念，尊重和了解学生的需求，灵活采用教学方法和策略，以提高学生的外语学习能力和应用水平。同时，教师应注重培养学生的自主学习能力，为他们今后的学习和工作打下坚实的基础。

（2）采取个性化的教学方式

在现代教育领域，一个备受重视的教学理念是分级教学。这一理念强调根据学生的个人特点开展教学，以满足学生不同的学习需求。为了更好地实施这一理念，当学生刚进入大学时，学校可以组织外语分级测试，依据测试结果将学生分配到相应的班级。这个做法能够确保教学更加贴近学生的实际水平，使教学更具针对性。在分级教学的实践中，针对不同级别的学生，其教学侧重点会有所不同。在这个过程中，教师需要注重目标管理，尊重学生的个体差异。这样做不仅为教师有效组织教学提供了便利，还有助于缩小学生之间的差距，促使他们相互帮助和学习。在个性化教育的推动下，教师和学生的压力得以减轻，这有助于学生全面夯实基础，更愿意学习外语，从而有效提高学生学习效率。

与此同时，第二课堂作为一种独特的教学形式，教学时间更加灵活，也不受教材的限制，并以新颖的方式吸引学生的注意。它可以使学生自觉、主动地采取科学的方法进行学习，并逐渐减少对教师的依赖。第二课堂还能扩展教学的内容，使学生对外语知识有更全面的了解。可见，外语第二课堂符合现代教育理念，充分考虑了学生的个性化需求，促使教学观念更加民主、科学。

目前，微课作为一种辅助教学手段，在高校教学中得到广泛的应用。微课主要以视频形式呈现课堂上的一些课例片段，帮助教师讲解教材中的某一知识点。通过播放视频，教师可以详细讲解知识点，这种方式不仅能集中学生的注意力，还能活跃课堂的氛围，为学生带来丰富的视觉和情感体验。微课不仅包括视频形式，还涵盖了测试练习、教学反思等资源的有效利用，从而形成系统的教学资源，构建起多种情境化教学模式。与传统的教学课例相比，微课虽然在教学时长上稍短些，且在教学内容上也更少，但更加灵活和高效。目前教学活动中教学内容的呈现形式正在经历一种转变，其核心在于精简与更有针对性。在微课中，教材中的特定知识点可提炼为视频课例片段，每段内容围绕一个核心主题展开，这极大地提高了教学效率。这一模式不仅让教学内容更加紧凑，也更加符合教师和学生的实际需求。由于每个课程都与单一主题紧密相关，使学生能够快速理解和掌握关键信息，也使学习成果的即时反馈成为可能，从而使学生的学习效率得到显著提高。

若教师只做知识的传递者，学生就会被动地接受知识，师生之间的互动常常显得不足，学生很少有机会主动提问、分析和解决问题。然而，“翻转课堂”教学模式则彻底改变了这一局面。在这一模式下，学生成为课堂的主导者。他们积极提出问题、分析问题并寻找解决方案，与教师和其他同学一起，探索学习的新路径。这不仅能充分激发学生的学习热情和主观能动性，也能让学生在互动中深化对知识的理解。教师则在这一过程中转变为辅助者的角色。当学生在学习过程中遇到困难时，教师会提供有效的指导和帮助，让学生能够自主地解决问题。这种模式有助于培养学生良好的学习习惯和自主学习能力，同时为他们提供寻找和开发适合自己的学习方法的平台。因此，“翻转课堂”教学模式是一种既能激发学生兴趣、培养其自主能力，又能加强和提升其学习效果和效率的教学方法。

（3）组织个性化的教学活动

在高校外语教育的领域中，实施个性化的教学活动显得尤为重要。这样的教学方式不仅能吸引学生的参与，更能体现以学生为中心的教学理念。通过引导学生主动收集与学习内容相关的资料，学生能够亲自对所学问题进行验证，从而加深对知识的理解和掌握。

与此同时，教师的作用不容忽视。教师需要巧妙地引导学生，使他们能够有效地利用已学知识学习新知识，从而实现知识的连接。这种做法不仅有助于学生构建完善的知识结构，还能有效促进新知识的产生。

（4）创设个性化的教学环境

只有在适宜的教学环境中，才能更好地实施个性化教学。学校需要为个性化教学的开展提供稳定的支持，包括资金、技术和设施的支持。增加对个性化教学的资金投入是必要的，这样可以充分利用先进的技术手段来辅助教学。例如，设立外语多媒体教室，并在其中利用多媒体技术以更直观的方式对知识进行呈现，进而增强学生的学习体验。同时，增加语音室和自主学习系统的数量，因为这样可以满足学生对外语学习的多样化需求。此外，为了进一步提升学生自主学习的效果，学校应该适当延长语音室的开放时间，以满足学生不同时间段的外语学习需求。这不仅有助于提升学生的外语应用能力，还为学生的全面发展创造了有利条件。通过这些措施的使用，有利于高校外语个性化教学的顺利推进，也有利于为学生的未来发展打下坚实的基础。

（5）实施个性化的教学评价

每个学生独特的个性和课堂表现，都应得到与众不同的评价。教师在对学生进行评价时应该采取个性化的方式。评价的目的并非对学生进行等级划分，而是要促进其全面发展。因此，评价应秉持客观、公正的原则，并以激励性的语言为主，以此激发学生的学习动力和引导学生进行自我反思。

在设计考核内容时，应着重于发挥学生的自主选择和独立思考能力。评价时不仅要考虑学生的发展因素，还要重视其个性因素，旨在通过对学生的全面评价，提高其综合素养。这样的评价方式既专业又具有针对性，能够更好地满足学生和教师的需求，从而促进教学目标的顺利实现。

二、高校外语教育方法

（一）情境教学法

1. 情境教学法的概述

（1）情境教学法的来源与定义

情境教学法的产生可追溯至 20 世纪初的英国。在那个时代，它被初步命名为“口语法”，而后在 20 世纪中叶，被冠以“情境法”之名。此法以目的语为主要媒介语，主张从口语开始学习。其开创性人物帕默尔（Palmer），被誉为“英国应用语言学之父”“20 世纪上半叶最杰出的第二语言教育家”。之后，行为主义心理学的先驱斯金纳（Skinner）在桑代克（Thorndike）的“尝试—错误学习理论”的基础上进一步提出了“操作学习理论”。这一理论强调了环境对个体发展的决定性作用。

情境教学法根植于直接教学法的理论与实践，“直接法”倡导的是一种无中介的语言学习方式，它不会像儿童出生以后直接学习母语那样，直接学习目的语。直接法作为语法翻译法的对立流派，强调教学活动应围绕语言实践展开，教师需激励学生主动、直接地运用目的语进行交流，而非仅限于翻译与解释目的语。直接法的代表作是古安所著的《语言教授法和学习法》，其中对该教学法的操作流程进行了详细阐述，主张教师示范先行，通过言行一致的方式引导学生模仿，确保学生在充分理解的基础上进行口头表达，随后引入阅读材料巩固所学知识。贝力兹作为直接法的积极推广者，提出了一系列教学主张，包括课堂上全面采用目的语进行教学，采用归纳法教授语法，利用直观教具（如图片、实物）及手势辅助词汇教学，对抽象词汇则通过联想与概念关联的方式进行教授。直接法的广泛实践极大地促进了语言教学领域的发展，然而，随着其在教学实践中的不断应用，其局限性也逐渐显现。因此，20 世纪二三十年代，英国的应用语言学家群体开始寻求创新，旨在弥补直接法的不足，在这一背景下，情境教学法应运而生。

情境教学法主张在教学中利用教师的巧思妙计，为学生引入或创建一些生动的具体场景。这些场景蕴含情感色彩，且形象直观，以便激发学生的学习兴趣。这一方法的实施并非仅向学生传递语言知识，而是鼓励教师在各个教学环节中创设真实的语言环境。学生在这样的环境中可以更高效地获取各种语言材料，也能更好地理解语言知识，并掌握交际能力。

（2）情境教学法的特点

①口语第一位

这一教学方法的核心思想是在课堂教学中以口语训练为先，以教材为辅助，将书面学习置于最后。口语训练是情境教学中不可或缺的环节，教师的语言和情境的创设都应服务于此。

②使用目的语

情境教学法强调在类似真实生活的语境中教授语言，这有助于学生在自然的语言环境中学习和掌握语言。著名教育心理学家本杰明·布卢姆的观点是，一个富有感染力的教学环境可以对学生的语言思维系统产生深刻的影响，从而强化其语言行为。因此，教师在整个教学过程中应积极使用目的语，使学生始终置身于目的语的环境中，并激发其主动学习的热情。

③学生是关键

在情境教学中，学生是教学活动的主体。学生的积极参与和配合是至关重要的。在创设课堂情境时，必须确保其符合学生的认知水平和接受能力，避免随意设置而脱离学生实际的情境。

④分层优化

对于新知识点的教学，需要遵循由易到难、循序渐进的原则，通过构建结构化的学习路径来帮助学生掌握语言技巧。在教师的指引下，学生从简单的重复和机械练习开始，逐渐过渡到更复杂的情境练习，即自由表达。这种渐进式的教学方法有助于学生逐步建立语言学习的自信心。最终，这种练习将延伸到阅读和写作教学中，全面提升学生的语言能力。

⑤暗示性强

较强的目的性是情境教学法的情境创设的突出特点。在教学过程中，教师的地位非常关键，他们需要巧妙地引导学生进入预先设定的情境中。通过这种方式，学生能够主动接受并适应教师创设的语言环境，从而更有效地学习和掌握语言。

总的来说，情境教学法是一种以学生为中心的教学方法，旨在通过创设真实的语言环境来提高学生的语言交际能力。

2. 情境教学法在外语教育中运用的意义

随着当前教育领域对高等教育阶段的外语教育要求的不断提升，一种更加注重社会实际应用的教学方法成为教学的必然选择。其中，情境教学法以其独特的教学理念和显著的教学效果，在高校外语教学中崭露头角。当今的外语教学方式必须与社会企业的应用需求相匹配，这要求学校不仅要教授语言知识，更要着重培养学生适应不同场景、与人有效沟通的语言能力。情境教学法正是基于这一需求而生，它强调在特定的语言运用场景下，增强学生的交流表达能力。

（1）充分发挥学生的主体作用，激发学生自主学习外语的热情

情境教学法更加注重学生的主体地位，以学生为中心，通过营造真实的语言运用情境与氛围，将学生带入实际的外语交流场景中。情境教学法能够充分激发学生的积极性和表达欲望，使学生在互动中不仅能快速地掌握和熟练运用语言，还能掌握场景中出现的知识点，从而可以有效提升学生的外语运用水平。这种以兴趣和应用为目的的学习方式，更具有持久性，能让学生在学习过程中获得更多的成就感。另外，情境教学法强调教师角色的转变。教师不再只是知识的传授者，更是学生语言学习的引导者和帮助者。教师需要充分了解学生的外语学习情况，为他们提供有针对性的指导和支持。同时，可迁移性是外语情境教学的突出特点，学生也可以根据自身的学习特点和状况，自行创设外语对话场景，对照教材知识点进行学习，从而使自己的外语思维能力得到提高。总之，情境教学法在高校外语教学中的运用具有重要意义。它不仅能提高学生的外语运用能力，还能培养他们的自主学习能力和跨文化交际能力，为他们的未来发展打下坚实的基础。因此，我们应该进一步推广和应用情境教学法，为高校外语教育注入新的动力。

（2）多种媒介综合运用，打造立体的情境体验

情境教学法强调教师在课堂上对多媒体设备进行综合利用，从而有效调动学生的听、说、读、写等学习技能。根据课堂空间的具体特点，教师需精心创设多样化的外语语言运用场景。这些场景不仅包括日常对话、商务沟通，还涵盖出行旅游以及学术交流等多个领域。通过让学生体验不同的场景，不仅能深化学生对语言的理解，更能促使他们学以致用。

在实施过程中，教师需基于教材内容精心设计对话脚本，突出教材中的标志性文化或交际元素，引导学生沉浸于角色扮演之中，使其在这个过程中加深对知识的理解与记忆。此外，教师还应善用国际影视作品片段辅助教学，精选贴近生活的场景，将其与教学内容无缝对接，鼓励学生主动探索，使其在真实语境中感受语言的多样性。值得一提的是，许多高校积极在课堂中引入 MOOC、TED 演讲、网易公开课等网络资源，这为学生提供了一个连接世界的窗口。通过这些高质量的视频资源，学生不仅能领略异国文化风情，还能围绕自身兴趣点展开深度讨论，模拟社会热点话题情境，促使外语学习从被动接受的任务转变为提升自我、探索

世界的强大工具。这一教学模式的创新不仅拓宽了学习渠道，也有效地提升了学生的外语综合应用能力和跨文化交际能力。

（3）有助于增强学生的职场竞争力

情境教学法与外语语言环境中真实的交流场景紧密相连，恰好契合企业对应聘者语言沟通运用能力的要求。因此，学生在外语课堂中练习不同场景下的语言交流方式及技巧至关重要。例如，模拟商务沟通、职场面试、出差商旅、社交谈判等场景，通过反复的模拟训练，能够使学生的职场竞争力得到有效提升，从而有利于他们在未来的职业中得到更好的发展。

（4）有助于变革现有的教学模式，提升外语教学质量

情境教学法的应用为外语教学模式的革新提供了新的可能性。情境教学法的实施，有利于提高学生的自主学习能力，并提升外语教学质量。因此，教师需要尊重学生的主体地位，并根据学生的学习兴趣和需求来安排自己的教学活动。在此过程中，教师不仅是知识的传授者，更是学生语言学习的监督者和引导者。他们需要为学生提供一个自我探索和设计的平台，使学生能够自主且自由地构建与自己实际相符的情境。这样的教学模式鼓励学生与其他同学进行良好的互动，从而发挥他们的主观能动性。在师生之间的良性互动中，教师不仅可以发现自身课程的不足，还可以对现有课程和教学模式进行优化。通过建立多维度的评价体系，教师可以对学生及课程进行综合效果评定，从而转变原有的考试评估方式。这种方式不仅能更全面地评估学生的学习成果，还能更好地提升高校外语教学的整体质量。

总的来说，情境教学法的应用为外语教学带来了新的活力和可能性。它注重学生的主体性、鼓励师生之间的良性互动、优化了课程和教学模式，从而为提升高校外语教学质量奠定了坚实的基础。

（二）交际教学法

1. 交际教学法的概述

（1）交际教学法的内涵

交际教学法的理论根基可追溯至功能法、意念法乃至功能—意念法。交际教学法是在 20 世纪 70 年代欧洲经济繁荣背景下，伴随着欧共体成员国间交流日益密切而悄然兴起的。

此法核心在于以语言功能为引领，旨在培养学习者在特定社会语境中灵活运用语言进行有效沟通的能力。在教学实践中，交际教学法遵循以学生为中心、教师为引导的原则，根据学习者的个性化需求制定教学内容与方式。教学过程强调语言交流活动的核心地位，知识传授则作为辅助手段，通过精心设计的教学活动激发学生语言表达的欲望，鼓励他们主动探索，并对语言进行创造性的运用，从而在互动中深化学生对语言的理解与掌握。对学生的交际能力进行培养不仅是交际教学法的首要任务，也是第二语言教学追求的核心目标之一，尤其侧重促进学生创造性地运用语言进行实际交流。

（2）交际教学法的特点

交际教学法倡导从现实需求出发，赋予课堂以真实交际的情境。通过模拟日常生活场景，营造贴近实际的语言环境，使学生能够在这种沉浸式学习中自然提升语言交际能力。美国语言学家海姆斯（Hymes）于 1971 年提出的交际能力理论，为交际教学法提供了重要的理论支撑。海姆斯指出，一个人的语言交际能力并不是由单纯的语言形式与语法规则的掌握程度决定的，它更多地体现在个体运用语言参与社会交往的实际能力上。这一观念深刻地揭示了语言学习的本质——语言不仅是规则的系统，更是社会互动的媒介，其教学应当围绕培养学生在真实情境中有效沟通的能力展开。以下两方面是交际教学法的突出特点：

①以意念功能为大纲

交际教学法认为，培养学生的交际表达能力是其学习语言最有效的途径。所以，培养学生的交际能力是交际教学法的核心目标。同时，交际教学法提出应以“语言的意念功能”为大纲，即语言形式结构要服从于语言的社会功能。

②以学生为中心创造接近真实的交际环境

交际教学法以学生为中心，使学生能在课堂上直接锻炼自己的交际能力，从而有效地实现了理论与实践相结合。

为了更好地实现教学目标，教师需要基于学生的需求和兴趣对多元化的交际场景进行创设。

2. 交际教学法在外语教育中的应用策略

（1）创设交流情境，促进学生自主交流

只有在固定的情境下才能产生交流。因此，在交际教学法的框架下，最重要的内容就是构建真实的交流场景。教师通过创造生动的交流环境，使学生能够在实际生活场景运用自己所学的知识实现有效沟通，并进一步使学生的外语应用能力得到提高。以课堂教学为例，教师可以创设一个面试场景。在这一场景中，招聘方可以由教师与几位同学共同扮演，然后让其他同学依次前来应聘。在模拟过程中，教师可适时更换招聘搭档，以使更多学生能够体验应聘方与招聘方的不同身份，加强他们的应变能力，并学习在不同角色背景下如何恰当地进行交流。由于应聘是学生踏入社会后最早面对的环节，与他们的日常生活紧密相关，因此通过这样的情境创设来提升学生的交流能力，不仅能激发学生的积极性，还能开阔他们的视野，强化他们的思维能力和实际交流能力。

（2）创造母语环境，强化学生口语能力

要想深入理解并精通一个国家的语言，就需要与该国的人民进行长期的交流互动，这一原理同样适用于学习外语的中国学生。与讲该门语言的外国人进行长期交流是提高口语化、标准化外语能力的关键。因此，高校为了给学生提供良好的外语沟通环境，必须加强校内外教师队伍的建设。当前，我国许多高校在教育改革的影响下，已经开始积极引进和管理校内外的外籍教师团队。然而，聘用时应注意外教是否为在校大学生或非语言专业的教师，以保证教学质量和教师口音的准确性。此外，不同外教之间英音和美音的差异也可能导致学生混淆口音。因此，在组建外籍教师队伍时，高校应更加谨慎。在招聘外籍教师时，应确保其具备相应的教育资格和丰富的教学经验，以确保其能够运用正确的教育理念和方法进行教学。只有这样，才能真正加强学生的外语学习效果和提高沟通能力。为了提升教学效果，授课过程必须具有高度的条理性。此外，学校应该细致划分教授英音和美音的教师。在课前，应进行详细的调查，了解学生对英音和美音的偏好。基于这些偏好，合理分配师资，这样可以有效避免学生在学习过程中因口音混淆而产生困惑。这样的安排不仅有助于提高学生的学习效率，也能保证教学质量。

（3）开展灵活教学，提升学生学习兴趣

在新时代的教育理念下，有些高等院校将学生的理论学习视为重点，对兴趣的培养有所忽视。然而，教育实践证明，人的兴趣始终是学习和发展的驱动力。从学生选择职业的角度来看，其背后驱动力往往是基于自身兴趣。教育应该充满活力与创意，而交际教学法正是这一理念的体现。教师应积极探索更具创新性的课堂设计，以激发学生的学习兴趣。例如，教师可以把课堂变成一个富有活力的讨论会。在课前，教师可挑选出具有争议性的议题，将学生分成两组，让他们进行充分的准备和辩论，这样的教学方式不仅能激发学生的兴趣，还能培养他们的批判性思维和表达能力。在辩论的过程中，教师并非单纯的旁观者或讲述者，而是应当担任顾问的角色，当学生在辩词上遇到疑问时，要及时给予引导和指正。这种互动的教学方式不仅有助于提升学生的语言能力，还能培养他们的团队协作能力和沟通能力。

综上所述，灵活多样的教学方式对于提升学生的兴趣和加强学习效果具有重要作用。只有当学生对学习充满热情和兴趣时，他们的语言能力才能真正得到提升。这种新的、互动式的教学方法不仅需要教师的创新和努力，更需要学生的积极参与和配合。

（三）自主学习法

1. 自主学习法概述

（1）自主学习的兴起与应用

近年来，学术界对于自主学习的探索与实践逐渐成为一大焦点。在知网的各项研究中，大量论文对自主学习进行了深入的理论分析与学术考察。尤其在教育领域，自主学习法已成为一种重要的教学策略。在外语教学中，自主学习法首先展现出了其独特的魅力与广泛的适用性。它不仅得到了普遍的应用，还逐渐显现出向其他课程领域扩展的趋势。这一教学方法基于国外的成功教学经验进行了本土化改革，不仅在理论上得到了论证与探讨，更在实际教学中得到了应用与验证。建构主义与人本主义的理念为“以学生为中心”的自主学习法提供了坚实的理论基础。其中，霍莱克（Holec）在自主学习理论的形成过程中起到了关键作用。他在 1981 年的著作《自主性与外语学习》中首次对“自主学习”的概念进行了阐释，并对其进行了权威性的界定——自我负责学习的能力。霍莱克的研究与实践深刻地影响了我国自主学习的探索与应用。尽管如此，他的某些观点也引发了学术界的分歧与讨论。例如，发源于外语教学的自主学习方式是否主要适用于外语教学的问题，以及自主学习是否仅以培养学习者的自主学习能力为唯一或主要目标的问题。

最初，自主学习在我国被应用于外语教学，但成功的应用效果和积极的教学反馈促使其被其他课程借鉴与复制。在外语教学中，自主学习法不仅为教师减轻了教学负担，还极大地激发了学生学习外语的积极性和主动性。更重要的是，通过自主学习和训练，学生的自主学习能力得到了显著提高，进而为他们的终身学习奠定了基础。

（2）自主学习的性质

自主学习的价值已被广泛认同，这种价值先是体现在当下学习的需要。在知识爆炸的时代背景下，自主学习对学生来说成为一种高效的学习途径。这不仅有助于解决当前学生学习的需求，更能有效地培养学生的自主学习能力，为其更好地适应终身学习型社会打下坚实基础。同时，自主学习还是促进学生全面发展的有效手段。当前，针对自主学习能力主要有以下两方面的理解：第一，只有学生具备一定的自学能力才能顺利实施课程自主学习活动。如果学生缺乏这种能力，那么自主学习将难以取得预期效果，其潜在的价值也将无法实现。第二，对学生的自主学习能力进行培养是自主学习的核心。当学生具备了更强的自主学习能力，他们就能更好地适应终身学习型社会。有学者指出，自主学习能力是一种元能力，通过这种能力，还能培养学生的其他自主能力，如自我确定学习目标、自主选择学习内容、自我激励和自我实施学习效果考核能力等。

2. 外语自主学习法的教学形式

（1）基于网络的高校外语自主学习

在自主学习过程中，教师先会划分教学内容及材料，并利用网络将划分好的各个部分存放在系统上，引导学生通过信息收集、综合分析、抽象提炼、反思等环节对相关内容进行自主学习。在这种情况下，学生无法直接获取现成的系统化知识，而是需要自己去分析、理解、综合知识，从而完成知识的内化。在网络上进行自主学习时，学生的学习兴趣和主动性能被有效激发，从而能主动构建知识体系，并积极发现问题、解决问题。在整个过程中，教师承担着设计者、监控者、指导者的角色，同时，教师会通过总结学生的学习和反馈情况在课堂上进行有针对性的知识传授，并重点讲解各种疑难问题，如语法、技巧、句型等。

（2）基于讨论的高校外语自主学习

在自主学习中，讨论这一形式极其重要，它能够促进学生进行有效的知识建构和深入学习。通常情况下，教师是这一学习形式的发起者，会为课程内容设定各种问题，使学生有足够的选择空间去探讨自己感兴趣的话题。课堂上，学生积极发言，并评论他人的观点，以及与他人展开讨论。在讨论的过程中，教师起着至关重要的作用，不仅要有效地组织并引导讨论的进行，确保其符合教学目标的要求，还要防止讨论偏离教学目标。无论是实时在线讨论还是异步非实时讨论，教师都要保持其监督和指导的职责。当讨论中出现普遍性问题时，教师更应在课堂教学中进行针对性的指导，帮助学生更好地理解和掌握知识。在自主学习中，主动学习和协作学习是相互穿插、相辅相成的。学生作为学习的主体进行的是主动学习，同时作为学习小组的一员，也会参与到协作学习中。这种模式不仅积极鼓励学生主动学习，也强化了他们的学习动力。在这个过程中，教师真正地发挥了“导师”的作用，即引导、指导、诱导和辅导学生。

自主学习的最终目标是使学生成为学习的主人，这也是教育的目标。在不同的学习环境中，学生的自主学习需求也是不同的。当时间、科目和条件等因素发生变化时，自主学习也会随之改变，它是一个持续发展和进化的过程。因此，在外语教学中实施自主学习时，学生自主学习意识的提高应该是教学关注的重点内容，教师应该努力让学生明白自己在学习中的责任，并学会如何有效地学习，这样的教育将使学生受益终身。

第三节　高校外语实践教学

一、高校外语实践教学的界定

在高校外语专业中，实践教学是指通过与实际工作环境相结合的教学方式，使学生能够将所学的理论知识应用于实际情境中，培养学生的实际操作能力和解决问题的能力。与理论教学相比，实践教学注重学生的学习和实际操作，通过真实的案例、模拟实践、实地观摩和实践实习等方式，让学生能够身临其境地感受和运用所学知识。

高校外语实践教学的特点包括灵活性、实用性和针对性。灵活性体现在实践教学可以根据学生的实际需求和兴趣进行调整，注重培养学生的创新精神和实践能力。实用性则强调培养学生解决实际问题的能力，使他们具备在职场中应对挑战的能力。针对性则意味着实践教学要根据行业需求和学生的就业方向进行精准定位，培养具备特定领域实践能力的专业人才。

二、高校外语实践教学的重要性

对于学生而言，外语的学习不仅是通过习得方式自然掌握的，更重要的是通过有目的的语言学习获得的。成为一名优秀外语专业学生的必备要素包括：扎实的语言基本功、熟练的外语语言技能和深厚的文化基础。这些要素的获得，离不开大量的语言实践。这种实践不仅限于课堂内的教师指导，更应拓展至课外的社会实践，让学生有机会将所学的知识服务于社会经济发展。因此，一个以学生为中心、以实践为基础、以能力培养为目标的立体教学体系应运而生，其中，学生和外语成为轴心，实践活动和能力培养成为支撑体系的重要基石。从社会的角度看，社会对外语专业学生的需求已不再是单一的技能型语言工作者，而是追求全面发展的创新型人才。这种创新型外语人才，应具备复合型素质，包括创新精神、创新能力和创新人格。其中，创新能力是关键，它涉及创造性思维能力和解决实际问题的实践能力。这要求外语专业的学生具备多种能力，如沟通协作、学习借鉴、组织决策以及处理复杂问题的能力。因此，应着重在课堂上培养学生的实践能力，同时鼓励学生到社会中锻炼实践能力。这样的教学模式不仅能提升学生的专业技能，还能增强他们的社会适应能力，更好地满足社会对外语专业学生的多元化需求。总的来说，无论是从学生学习的角度还是从社会需求的角度，外语专业的教学都应注重实践能力的培养，以形成立体化的教学体系，培养出全面发展的创新型外语人才。

实践教学的优势在于，实践教学能够促进理论与实践的结合，将所学的理论知识与实际问题相结合。实践教学通过实际操作和实践活动，使学生能够将理论知识应用到实际情境中，培养他们的实际操作能力和问题解决能力，从而实现理论与实践的有机结合。因此，高校外语实践教学是十分必要的。

三、高校外语实践教学的类型

实践教学是高校外语教育中的重要组成部分，旨在通过实际的操作和体验来增强学生的理论知识和实际应用能力。除了传统的教育见习、实习、研习，实践教学还包括实验、第二课堂、社会实践、课程设计、学年论文、毕业论文（设计）等内容。

例如，在师范院校中，教育见习是指学生在教师指导下，对中小学和幼儿园的教育、教学、学校生活各方面工作及其设施进行观察和分析。教育实习是指师范院校高年级学生到初等或中等学校进行教育和教学专业训练的一种实践形式。它紧密联结理论与实践，在师范教育体系中占有重要地位，亦是教学计划的关键构成部分。此过程旨在促使学生将所学知识综合应用于实际教育教学场景中，对学生的教育教学能力进行培养和锻炼，同时强化与巩固其专业知识与专业理念。教育研习活动是指在教师引导下，师范生运用掌握的心理学与教育学理论知识，分析、探讨和研究教师职业专业化进程中所遇到的问题，这一过程促进了师范生对专业问题的批判性思考与解决能力的发展，是一种以实践为基础、以研究为主要特点的学习活动。

实验是通过科学的方法进行操作和观察，以验证、说明或探索科学知识的一种教学方法。第二课堂与常规的课堂教学相对立，如果将常规课堂定义为第一课堂，那么第二课堂就是第一课堂之外的且与第一课堂教学内容相关的教学活动。相较于第一课堂，第二课堂虽然同样源于教材，但是内容要更加丰富，而且不设置相应的考试内容，在素质教育中占有重要地位。同时，第二课堂有着更多样且生动的教学形式，而且除了教室，操场、学校、社会、家庭等，都可以是其开展教学的环境。社会实践则侧重于让学生在社会大环境中运用所学知识，解决实际问题，增强其社会适应性和责任感。课程设计和学年论文、毕业论文（设计）则是学生在教师的指导下，独立进行研究和实践的活动，旨在培养学生的研究能力和创新精神。

四、高校外语实践教学体系的构建

（一）目标设定和课程规划

1. 确定学生的实践需求和能力培养目标

在构建民办高校英语专业实践教学体系时，先要明确学生的实践需求和能力培养目标，这可以通过与学生进行需求调研和个性化评估来实现。了解学生的职业志向、兴趣爱好和实践技能的现状，有助于为他们提供有针对性的实践教学内容和培养目标。例如，有些学生可能更加关注口语表达能力的提升，而有些学生可能更加注重写作能力的培养。因此，明确学生的实践需求和能力培养目标对制定有效的课程规划至关重要。

2. 设计合理的实践课程体系

基于学生的实践需求和能力培养目标，设计合理的实践课程体系是构建实践教学体系的重要一步。课程的设置应该具有系统性和层次性，以确保学生在不同阶段能够逐步掌握和应用所学知识。课程应涵盖多个实践领域，如口语交流、写作技巧、翻译实践等，以满足学生全面发展的需求。此外，可以考虑引入跨学科的实践课程，让学生能够在不同领域的实践中提升综合能力。

（二）教学方法和手段

1. 实践案例分析与讨论

实践案例分析是一种常用的教学方法，通过引入真实的案例来激发学生的学习兴趣和思考能力。教师可以选取相关领域的实际案例，结合课程内容进行分析和讨论。学生可以在小组或全班的讨论中分享自己的观点和解决方案，培养批判性思维和解决问题的能力。

2. 角色扮演和模拟实践

通过角色扮演和模拟实践活动，学生可以在虚拟的情境中体验真实的工作环境。教师可以布置角色扮演的任务，让学生扮演不同的角色，如教师、教学管理人员等，从而锻炼他们的实践能力、沟通能力、人际交往能力和解决问题的能力。模拟实践可以帮助学生在真实的情境中运用所学知识和技能，增强实际操作能力。

3. 实地考察和实践实习

实地考察和实践实习是实践教学中不可或缺的环节。学生可以参观相关行业的单位或机构，了解实际工作环境和行业运作方式。实践实习可以为学生提供职业实践机会，让他们在真实的工作场景中运用所学知识，从而提升学生的实践能力和解决问题的能力。

4. 多媒体技术的应用

多媒体技术的应用可以丰富实践教学的形式和内容。教师可以利用互动课件、教学视频、在线模拟实验等多媒体资源，丰富学生的课堂内容，开阔学生的视野，还能提供直观的视觉展示和模拟实践的环境，帮助学生更好地理解和应用所学知识。

（三）师资队伍建设

1. 增加行业经验丰富的教师

为了有效构建实践教学体系，民办高校需要增加具有实践教学经验的教师。这些教师应该具备丰富的行业背景和实践经验，能够将理论知识与实际情境相结合，引导学生进行实际操作和实践活动。拥有行业经验的教师能够为学生提供实用的指导和反馈，培养他们的实践能力和创新思维。

2. 提供师资培训和支持机制

为了进一步提高教师的实践教学水平，民办高校可以提供师资培训和支持机制。这包括组织实践教学方法的培训课程、举办教学经验分享会和推行教学评估与反馈机制等。师资培训和支持机制可以帮助教师不断提升自己的教学能力和专业水平，更好地指导学生的实践教学。

通过设定目标、规划课程、合理选择教学方法以及建设专业的师资队伍，民办高校可以构建一个有机的实践教学体系，从而全面培养和提升英语专业学生的实践能力和综合素质。这样的体系将有助于学生更好地应对职业挑战，增强就业竞争力，为个人发展和社会进步作出贡献。

五、高校外语实践教学体系的实施与效果评估

（一）实施步骤和方法

1. 实践教学课程的开设和管理

为了有效实施实践教学体系，民办高校需要合理开设和管理实践教学课程。其中包括确定课程目标、制订教学计划、选择适当的教材和资源，以及组织实践教学活动。在课程的管理过程中，需要确保教师的教学质量和学生的学习效果，及时进行教学评估和反馈，不断改进和优化教学内容和方法。

2. 学生参与度和反馈收集

学生的积极参与是实践教学实施的关键因素之一。民办高校可以采取多种方

法鼓励学生参与实践教学活动，如实习实践、小组讨论、项目合作等。同时，为了更好地调整和改进实践教学，需要及时收集学生的建议和反馈意见。

（二）效果评估指标

1. 学生综合素质的提升

实践教学体系的实施应该能够显著提升学生的综合素质，包括语言表达能力、问题解决能力、团队合作能力、创新能力等方面的提升。通过定期的评估和考核，可以对学生在这些方面的发展进行量化和评估，以验证实践教学的效果。

2. 就业竞争力和适应能力的增强

实践教学体系的目标之一是提高学生的就业竞争力和适应能力。民办高校可以跟踪学生的就业情况，了解他们在职场中的表现和发展，并与企业进行反馈和合作。通过对学生就业情况的评估，可以检验实践教学体系对学生就业能力的提升效果。

3. 校企合作和社会认可度的提升

实践教学体系的有效实施应该能够增强学校与企业的合作关系，并提升学校在社会中的认可度。通过与企业合作项目和实践实习，学生可以接触真实的工作环境和业务需求。同时，民办高校应积极与社会各界建立合作伙伴关系，加强与行业的联系和交流。通过评估校企合作的成果和学校的社会认可度，可以检查实践教学体系的社会影响力和效果。

第四节　高校外语教育现状

这里以保定学院外语教育与国际商务学院为例，讲述其外语教育现状。

保定学院是经教育部批准建立的全日制普通本科院校。学校先后荣获全国文明单位、河北省高等学校党的建设工作先进集体、河北省高校党建示范校、河北省转型发展示范高校等荣誉称号。2016 年，学校被国家发改委、教育部列入“十三五”产教融合发展工程规划项目试点院校。2021 年，被国家标准化管理委员会确定为应用型本科教育标准化试点项目院校。

学校有百余年的办学历史，前身是始建于 1904 年的“保定初级师范学堂”。1910 年改称“直隶第二初级师范学堂”，1928 年随省份发展改名为“河北省立第二师范学校”，1978 年改建“保定师范专科学校”，1998 年与保定教育学院合并，1999 年河北保定师范学校并入，2007 年升格为保定学院。截至 2024 年 3 月，学院校园占地 58.27 万平方米，建筑面积 40.42 万平方米，教学仪器设备总值 19872.09 万元，馆藏有纸质文献 150.9 万余册；设有 15 个二级学院，开设 55 个本科专业、3 个专科专业；有教职工 1052 人（专任教师 655 人），全日制学生 16117 人。

外语教育与国际商务学院，简称“外商学院”，是一所充满朝气与活力、注重创新精神与实践能力培养的学院，现有英语、日语、商务英语三个本科专业，在校生近 800 人。三个专业招生均不限选考科目（文理兼收）。

外商学院办学条件优越，拥有语言实验室 14 个，多媒体教室 21 个，设有同声传译室、商务英语实训室、腾讯众创空间双创实训室等，并购置了 iTest 测试与训练系统、Utalk 视听实训平台、商务英语系列实训软件等诸多先进数字化教学资源。

学院与保定市十七中、十三中、乐凯中学等十余所地方优质中学共建实习实践基地，与汉考国际、科大讯飞、巨力集团、新东方教育科技集团有限公司、日本青少年育成协会等多家国内外知名企业和机构建立了长期友好的合作关系。

其中，英语专业属于师范类专业，2007 年开始招收本科学生，现为校级一流专业，年招生规模约 80 人。根据教育部有关规定，本专业学生可免于参加国家中小学教师资格考试，通过校内测试后，便可取得初中英语教师资格证。本专业师资力量雄厚，现有教师 27 人，其中，教授 3 人、副教授 11 人，并有 8 位来自基础教育一线的教学名师和骨干教师兼职来院授课，在为学生打下坚实的英语语言基础的同时，突出强化教师职业能力培养。

日语专业设立于 2009 年，2020 年入选河北省首批省级一流本科专业建设点，2023 年获批河北省省级一流本科专业，年招生规模 40 人。由 11 人组成的教学团队中，教授 2 名、副教授 3 名，日语外教 1 名，教师平均年龄 37 岁，是一支具备丰富教育教学经验和旺盛教学精力的优秀师资队伍。本专业实行“日语 + 专业方向”人才培养模式，从大学三年级开始设置商务、旅游、语言文化和日语教育四个方向，学生可以根据自身职业规划，选择不同的方向，学习相关从业技能，提升岗位适应力。同时，本专业积极开展国际合作办学，与日本知名高校合作开展“2+2”双学位项目及“3+1”免学费交换生项目。

商务英语专业是伴随我国对外经贸不断发展而出现的新兴专业。该院于 2005 年开设了商务英语专科专业，2018 年升级为本科，年招生规模 60 人，2020 年开始招收商务英语专业专升本学生。本专业有一支学位、职称、学缘结构合理的年轻师资队伍，现有教师 13 人，其中，副教授 3 人、博士 1 人，在读博士 2 人，引进企业高管 1 人，多名教师毕业于对外经贸大学、中南大学、北京理工大学、英国邓迪大学、英国利物浦大学等国内外名校。

商务英语教研室现有商务英语实训室 1 个，引进商务英语系列软件 6 个，借助跨境电商实训平台等软件系统，建立了保定学院跨境电商外贸人才孵化基地，建立跨境直播间 1 个。商务英语专业明确了“厚英语基础，重商务技能、强化创新能力和国际视野”的人才培养思路，确定了商务英语（跨境电商方向）的应用型人才培养模式。以培养专业知识和实践技能为中心，突出跨境电子商务方面的应用能力，深化校企合作，努力拓展校企合作领域，与 20 余家企业建立了密切的长期合作关系，实现课程共建，协同育人。校企合作研发课程包括国际客户开发与管理、互联网跨境电商技能、国际物流与单证实务、供应链管理等。

第二章　高校外语 OBE 教育理念及其实践教学

本章主要介绍高校外语 OBE 教育理念及其实践教学，从四个方面进行叙述，分别是高校外语 OBE 教育理念概述、高校外语 OBE 教育理念实施、OBE 教育理念在高校外语实践教学中的实施案例，以及高校外语 OBE 教育理念的展望。

第一节　高校外语 OBE 教育理念概述

一、OBE 教育理念的教育特点

Outcomebased Education（简称 OBE）教育理念也被称为需求导向教育、目标导向教育、成果导向教育、能力导向教育。是一种以成果为目标导向，以学生为本，采用逆向思维的方式进行的课程体系的建设理念，是一种先进的教育理念。

下面是 OBE 教育理念的教育特点：

第一，成果并非其过往学习经历的简单叠加或平均结果，是在全面完成所有学习过程后所获得的最终结果。

第二，成果不是学习的暂时性表现，也不是简单的知道和感觉，而是学生心灵深处对学习内容的深刻体验与领悟。

第三，成果不仅包括理念，还涉及实践、情感因素和价值观。

第五，越是学生在实践中获得成果的真实体验，其存续性会越持久。

第六，成果只有具备实用性，能真正应用到生活中，才能被长久记忆。

第七，“最终成果”仍然涉及分阶段过程中的成果，学校应根据最后取得的成果，然后按照反向设计原则对课程进行设计，并评价阶段成果。

二、OBE 教育理念的理论基础

目标导向教学法的理论基础主要有建构主义学习理论、布卢姆教育目标分类理论、皮连生目标导向教学理论等。

（一）建构主义学习理论

建构主义学习理论强调，知识并非由教师单向传授而来，而是在一个合理的学习环境中，学生通过与教师或学习伙伴的互动，利用必要的学习资源，自主进行意义建构的过程获得的。在此理论中，构成有效学习环境的四大关键要素为“情境”“协作”“会话”“意义建构”。这四大要素的互动与结合，促使学生在特定的社会文化背景下，通过人际协作与交流实现知识的意义建构。

（二）布卢姆教育目标分类理论

布卢姆教育目标分类理论主要亮点在于，其认为教育目标应当是教学活动预期的成果，应体现教师对学生在知识掌握、技能培养方面的期待。强调教育目标的预期性和科学测量性，这为教学提供了明确的指导方向。在某种程度上，布卢姆教育目标分类理论为教学活动的实施提供了有力的支撑，克服了目标设定模糊、教学行为随意以及教学流程盲目等问题。因此，它可以很好地指导教育教学的微观质量管理。

布卢姆研究表明：相较于目标不明确，目标明确可以节约时间，而且教学效果是一样的；在学习之间，学生根据科学的目标导向可以明确自己的学习方向，从而增强自身的学习动力；课前或课中将教学目标展示给学生，可以带动学生更有效地组合松散的学习材料。

（三）皮连生目标导向教学理论

用知识对能力进行解释，促进能力的发展是皮连生目标导向教学理论的核心思想。以下是皮连生目标导向教学理论的基本主张：

第一，坚持新的能力观，知识是能教会的物理能力的本质，因此找到知识，就能教会能力。

第二，坚持学习分类观，针对不同的学习，设定不同的学习条件。

第三，进行教学设计时以目标为导向，用现在的学习论指导教学设计。

第四，倡导“学有定律、教有定则”的新教学观。

根据皮连生目标导向教学理论，教学过程流程为：告知教学目标—复习相关知识—呈现新知识—促进新知识的理解—变式练习，促进知识转化。

三、OBE 教育理念融入高校外语教学

OBE 教育理念融入高校外语教学之后，所进行的教学可以被称为目标导向外语教学、成果导向外语教学、能力导向外语教学或需求导向外语教学。具体来说，它是指在外语教学中根据不同的教学对象，制定教学目标，实施教学目标，评价

教学目标的教学方式。

在高校外语 OBE 教学中，必须对外语学科的多面性、多层性以及学生知识结构的多水准进行综合考虑，以此来制定适当的教学目标，实施教学。这种教学模式以教学目标为导向，深度整合多样化的教学方法和策略，它强调在师生间的有效沟通与互动的基础上，通过示范、鼓励和情境创设等教学手段，激发学生学习的积极性、主动性和创造性。如此，学生不仅能正确理解和掌握相关理论、知识及技能，也能实现全面发展，从而有利于教学目标的顺利实现。

将 OBE 教育理念应用于外语教学，有利于学生主动性的发挥。总之，OBE 教育法是一种以教师引导为辅助、以教学目标为指引的现代教学方法。在此模式下，学生能够主动对知识进行探索和学习，从而实现更高效、更深入的学习效果。

第二节　高校外语 OBE 教育理念实施

在外语教学工作中实施 OBE 教育理念，需要始终遵循以学习者为中心的产出设计原则、反向教学设计和正向实施原则等。

OBE 是指基于产出的教育模式，即产出导向。它强调以实际成果为目标，关注学生的表现和达成。在师范类专业认证工作中，OBE 理念始终发挥着至关重要的作用。

关于师范类专业认证，教育部于 2017 年颁布了《普通高等学校师范类专业认证实施办法（暂行）》的通知，为师范类专业认证奠定了基础。次年，印发了《普通高等学校师范类专业认证指南》，详细规定了普通高等院校师范类专业的培养目标和要求。到了 2021 年，教育部进一步出台了《中学教育专业师范生教师职业能力标准（试行）》，对中学教师的职业能力制定了更加明确和细致的标准。师范类专业教育体系中以及实践教学占据了举足轻重的地位。它在培养师范生的创新思维和实践技能、提升其整体素质方面，具有不可替代的作用。近年来，这一教学形式引起了地方高校师范类专业的普遍重视。

这里讲述保定学院外语教育与国际商务学院中，英语专业接受师范类专业认证、将 OBE 教育理念融入教学之中的具体实施。

2023 年 10 月，保定学院的英语专业顺利通过了河北省教育厅组织的师范类专业认证专家的考察，并成功获得了认证。在这一过程中，学院严格遵循师范类专业认证的核心原则——“学生中心、产出导向、持续改进”，并以专家组提出的宝贵建议为依据，进一步对英语师范专业的实践教学架构进行了全面的优化和调整。这一举措旨在全面提升师范生的创新能力和实践操作能力，从而提升英语教师培养质量。其实施步骤如下：

一、进一步修订完善英语专业人才培养方案

根据《普通高等学校师范类专业认证实施办法（暂行）》和《外国语言文学类教学质量国家标准》（以下简称《国标》），并结合河北省师范类专业认证专家的反馈，对现行英语专业人才培养方案进行深度调整，并通过走访调研、专家咨询等形式，对新版培养方案的合理性进行全面评价。新版培养方案主要从以下三个方面对实践教学体系进行了优化重构：

（一）强调师范教育的独特性

保定学院起源于 1904 年创建的保定初级师范学堂，拥有超百年的教育历史。在这段时间里，学院培养出了大量杰出的师范类人才，并形成了自己独特的师范教育风格。近些年来，保定学院所倡导的西部支教精神更是激励了无数青年学子踊跃投身于我国西部地区的顶岗实习以及支教活动中。鉴于此，在此次英语专业人才培养方案的优化过程中，应着重强调学院的师范特色，并将西部支教精神更好地融入实践课程体系当中。具体的实施策略包括：增加更多的师范类课程、借助学校开展的践行西部支教精神专项等教学改革研究项目，以及西部支教精神融入课程教学的专题典型案例评选等活动，激励教师不断优化课程教学大纲，实现西部支教精神与各类课程的紧密结合，从而有效提升师范生的师德素养和专业能力。

（二）优化重构“三习”实践教学内容

师范类专业实践教学体系主要包括教育见习、教育实习以及教育研习三个方面，它们的实施效果对实践教学的质量有直接影响。自师范类专业认证工作开展以来，根据专家组提出的宝贵建议，保定学院英语专业课题组对现有的“三习”实践教学模式进行了深入的优化和重构。

第一，根据原有的培养方案，“教育见习”包括专业技能训练和校外教育实践等，其课程大纲中关于师德体验和班级管理等具有实际操作意义的内容较少。为解决这一问题，课题组对培养方案进行了重大调整，将原本属于教育见习的英语语音、阅读等技能训练部分从中分离出来，将其设立为一个单独的专业实践模块。此外，根据师范生的培养路径，采用分阶段、递进式的教学方法，将涉及教师职业认知、教育教学感知等内容调整至第二到第五学期的教学计划中。在见习活动的具体操作上，采取“引进来”和“走出去”相结合的策略：首先，开展专题讲座，邀请优秀教师或校友等向学生展示优秀的教学案例并分享他们的成功经验，以此帮助师范生初步了解中学英语教学的实际情况；其次，通过校外见习等活动，学院带领英语专业的师范生前往实践基地，亲身体验师德教育，领略优秀公开示范课的魅力。此外，学院引导他们学习有效的班级管理技巧，并鼓励他们踊跃参与各类专业教研活动。通过这一系列的活动，师范生能够深刻领悟一线教师的教学理念，精准把握中学英语教学的重难点，并为未来成为专业教师做好心理准备。

第二，课题组将教育实习的时间进行了大幅调整，将原来的 8 周增加到了 18 周，并对师范生的教育实习手册进行了修订，丰富了师德体验、班级管理和教研活动等内容，同时，对各实践环节的评分标准和考核方式进行了全面的优化，以确保实践教学活动的有效进行。

第三，制定了详细的教育研习大纲，并对研习的具体目标和考核方法进行了详细阐述，同时，创新性地将教育研习与教育实践相结合，使其融入教育实践的每一个环节，以此有效增强师范生的研究意识和学习意识，提升其相关专业能力。

第四，在传统的“三习”基础上，引入了新的练习课程模块，从而初步形成了以“四习”为核心的实践教学体系。其中，“四习”指练习、教育见习、教育实习和教育研习。练习内容涵盖英语语音训练、翻译训练、教学技能专项训练等，这些练习使师范生的专业技能得到了进一步加强。此外，在练习过程中，通过优秀作品展示和教学案例分享等形式，有效地展示了他们的学习成果。

（三）融合专业课程与教学实践课程，使实践课程体系模块化

英语专业围绕“四习”实践教学，致力于打造一个第一课堂与第二课堂相辅相成的课程体系，塑造一种“校内、校外”“课内、课外”协同发展的独特风格。

首先，在课程规划上，增加了实践课程的比例，并新设了多种极具实践性的课程，如英语教学理论与设计、英语课程标准与教材解析、课堂实用英语等。其次，将更多的实践内容融入专业和理论课程，以加强实践教学的效果。再次，通过各学校机构或社团，策划并实施了丰富多彩的竞赛和第二课堂活动，这些活动包括英语配音比赛、英语演讲竞赛等。最后，积极倡导师范生在参与暑期社会实践、志愿者服务期间，走出校园，深入社区和乡村，广泛开展各种英语志愿教学活动。

二、立足保定，在服务地方经济社会发展中育人

师范类专业认证工作开展以来，保定学院的英语专业紧密结合地方特色，充分发挥其专业优势，致力于推动当地的经济和社会进步。在 2020 年，该专业设立了“保定地域文化翻译研究中心”，旨在为保定市的红色文化和饮食文化的宣传与推广工作提供保障。该中心致力于为保定军校纪念馆、直隶总督署等知名旅游景点提供文献资料和解说词的翻译服务，并因此赢得了广泛的赞誉。除此之外，英语专业还组建了“小红柳志愿服务队”，并积极参与各种社会公益活动。自 2022 年起，英语专业借助保定市教育局、保定学院教务处等机构的力量，已相继与一些地区的相关机构达成了校外实践教学基地的合作协议，并且已经派遣了数十名实习生前往这些地区进行顶岗实习。这些实践活动完善和强化了 UGS“三位一体”的协同育人模式。

三、打造面向教师教育实践的专业师资队伍

构建一支全面素质卓越、人员配置合理的教师团队，这不仅契合师范类专业认证的标准，更是提高师范生教学质量的关键所在。近年来，保定学院的英语专业坚守着不断优化的信念，持续强化实践教学指导教师队伍的构建。

第一，进一步优化并推行与中学教师联合指导教育实践的“双导师”教学模式，构建一套全面且高效的规范化流程，包括导师选拔、培训、工作要求、实践指导、条件保障和考核标准等。

第二，进一步强化实践教学队伍的建设，加大实践教学的资金投入，明确聘请的实习基地指导教师和校内指导教师的分工和职责。此外，合理安排各指导教师的工作量，激发他们的教学热情。校内指导教师将通过报名和资格审核的方式，

经过筛选后上岗，校外指导教师则通过师范生的反馈和实践基地学生的评价来进行绩效评估，并依据前一阶段的评价结果对指导教师进行适时的调整。

第三，加强与中学一线教师的深度合作，开展形式多样的教学研讨活动。英语专业的教师已经与中学教师共同参与了多个研究项目，并联手编写了《英语教学与思维品质培养》等书籍，有效实现了资源共享和教学质量的双向提升。

四、构建多方参与、持续改进的实践教学评价体系

科学、合理的评价系统对于确保实践教学的高标准至关重要。为了建立一个全面的评价体系，需要对评价的主体、内容和方式进行重新审视。自从师范类专业认证工作开展以来，英语专业便不断强化实践教学管理，并且对评价体系做了进一步完善。

第一，通过实地考察和调研，定期组织教育实践基地的校长和校外指导教师参加座谈会，开展满意度调查。这种方式能够集中收集他们对英语师范生实践表现的反馈，并结合反馈进行分析和改善。同时，结合学院发布的毕业生发展情况调查的结果，实现评价与改进的同步进行，确保师范生的培养更加符合中学教育部门的具体需求。

第二，制定个性化的教育和指导方案，确保校内外指导教师能够做到因材施教。同时，将个性化教育和指导纳入对指导教师进行考核的重要指标体系。针对教育见习和教育研习等环节，强化质量把控，积极收集学生的反馈，并依据这些反馈进行相应的调整和优化。

第三，制订详尽的评价计划，设定具体的评价标准，积极增进与实践教学基地教师的互动，确保信息的透明和沟通的流畅，减少校外指导教师可能存在的偏袒行为，优化教育见习和教育实习的质量监控和评价体系，确保评价结果的客观性和可靠性。

第三节　OBE 教育理念在高校外语实践教学中的实施案例

这里仍以作者本人所在的保定学院外语教育与国际商务学院的案例为准，讲述 OBE 教育理念在高校外语实践教学中的实施。保定学院外语教育与国际商务学院有英语（师范专业）、商务英语和日语三个专业，主要分师范专业和非师范专业两类。

一、师范专业

（一）英语专业教育实习

外语教育与国际商务学院 2021 级英语专业《实习》课程基本信息，如表 2-3-1 所示。

表 2-3-1　课程基本信息

课程名称	实习
课程类别	实践教学课程
课程代码	略
修读形式	必修
学分	9
学时	18 周
开设学期	第六学期
先修课程	综合英语、英语听说、教育学基础

实习教学是人才培养方案的重要组成部分，是全面贯彻党的教育方针，实现

理论教学与社会实践相结合的重要方式。通过本课程的学习，可以使学生达到以下目标：

第一，学生能够具有较高的政治理论素养、民族自豪感和社会责任感；具备良好的专业品质和良好的职业道德；认同教育工作的意义和专业性，热爱初中教育事业，热爱学生。

第二，学生能够熟悉中学英语教育的教学规律和初中生的心理特点，具备一定的课堂组织与管理能力；能够运用所学知识及技能，从事一般性初中英语教学，并在教学中进行品德教育，促进初中生身心发展。

第三，学生能够综合运用专业知识及批判思维分析，解决教育教学中的实际问题，对初中英语教学及相关教育问题有较深刻地理解，为毕业后的实际工作打下良好基础。

第四，学生能够掌握倾听、表达和沟通的基本技巧，具有团队合作意识及良好的社会适应性。

如表 2-3-2 所示，为课程教学内容学时分配表。

表 2-3-2　课程教学内容学时分配表

专业实践内容 / 项目	学期	学时 / 周	实践地点	学分
教学实习、班主任工作实习	第八学期	18	校外实习基地	8

下面讲述其具体实施：

1. 注重顶层设计，明确定义学习成果

采用 OBE 理念对教育实习模式进行高端设计时，最关键的第一步是明确界定预期的学习成效。这些学习成效应深入理解为学生在完成整个学习路径后所能获得的实际能力，其超越了短期课程活动的范畴。该理念所追求的成果是整个教学过程的终极目标，这与传统的课程具体教学目标有所区别。这种核心成果强调在人才培养过程中遵循过程性原则，将知识、能力和素质这三个衡量个人发展的关键维度整合到教育过程中。人才培养的成果是过程积累到一定程度后产生的质的飞跃，必须保证课程教学始终围绕人才培养的核心。教育实习作为一种专门针对提升实习生教学实践技能的学习模式，不仅是教师职业生涯早期专业成长的关键环节，也是实现教师职业专业化的基本需求。

教育实习的目标和要求包括以下三个方面：

第一，全面熟悉实习学校的日常运作情况，参与教学和班级管理等实践活动。深入了解实习学校的环境、所教科目、教研团队、少先队和共青团的组织结构及相关规定。此外，参与实习学校的集体备课、观摩优质示范课程以及参加班主任的教育活动。

第二，掌握初中英语教学的关键环节和要求。遵循中学教育大纲和所在教研组的教学安排，在实习学校指导教师和带队教师的协助下，完成从备课、编写教案、模拟授课到实际授课、学生辅导以及作业批改等一系列教学任务，以保证教育实习目标的实现。

第三，初步了解班主任的工作职责和方法。实习生应以高度的热情投入工作，关心、爱护每一位学生，并肩负起促进他们整体发展的责任。明确认识班主任工作的终极目标和具体要求，积极筹划并实施课外科技活动。

2. 优化教育实习管理体系，拓宽教育实习内涵

构建有效的实习管理体系，要求高等院校、实习生以及接收实习生的单位等各方利益相关者清晰界定各自的职责和义务，旨在以促进实习生专业发展为核心目标，打造一个共同追求的目标群体，为实习生的长远发展奠定坚实的基础。为此，制定并实施一个运作高效、目标清晰的实习生管理协同机制，是教育实习管理领域亟须解决的一个关键问题。将管理者从单一的监管者转变为服务提供者，从而充分发挥对实习生管理和服务的全面协同作用，实现从泛泛的管理模式向精细化管理模式的转变。

（1）加大实习宣传力度，明确实习目标

在教育实习开始之前，学校应当通过多种渠道如学习园地、校园网络、宣传橱窗、黑板报、海报等手段，进行全面而深入的实习宣传活动。宣传内容不仅应涵盖常规的实习纪律要求，还应详细介绍实习单位的背景、特色、企业文化以及教学过程中应注意的事项，确保每一位实习生都清楚实习的目标、任务以及自己在实习中的角色定位。针对实习生可能面临的常见问题和挑战，学校还应制定相应的预防措施。此外，结合过往的教学实习经验，编制一份详尽的实习指导手册，从教学实习和学生管理两个角度提供全面的预备指导。

（2）实习前深入调研，细化实习计划

在教育实习启动前，学校应积极进行调研，深入了解实习生的专业成长状况及其对实习过程的期望，同时掌握新课程环境下中小学英语教学的最新动态，与实习单位协作讨论并确定教育实习的相关细节。专业教研组的负责人和专业指导教师以教学大纲、人才培养方案和课程标准为依据，并充分考量各个学校的实际状况，制订一份极具专业性且关注实际成果的实习规划。此外，组织指导教师和带队教师召开联席会议，以确保所有相关人员对实习计划有统一的理解，并明确实施的具体步骤和要求。以此为基础，实习生应充分了解专业实习规划，明晰实习的目标和具体要求，并结合自己的专业发展需要，拟订个人的实习计划。

（3）提升指导教师团队素质，完善管理架构

随着中小学英语教学改革的不断深入，对英语师范生的专业成长提出了更高的标准和期望。教育实习在这一过程中扮演着至关重要的角色，它能够帮助师范生掌握教学技巧，同时对提高学生的管理能力乃至整体职业竞争力都有着不可忽视的影响。因此，在教育实习的管理层面，学校不仅要优化以往的实习组织管理体系，还要着重强化指导教师队伍的建设。此外，高校英语专业组织应在工作机制上梳理并优化各种合作关系，与实习单位共同构建合作平台，持续推进有效的校内外双基地制度和双导师制度，确保指导教师、实习教师和实习生之间保持协调的关系，并始终将合作的核心理念和精神贯穿于实践教学工作中。

3. 完善教育实习评价，检验实习成果

（1）优化教育实习评估指标框架

若评价指标体系不够完善，教育实习的评价则会受到直接影响，其有效性和可信度会降低。因此，对教育实习评估指标框架进行改进和完善是极其重要的。新的评价指标框架的制定应关注四个方面的内容：第一，新的评价指标框架应当更加注重教师的专业素质；第二，应与英语基础教育的改革趋势相契合；第三，应基于发展的角度进行评价，以支持专业的持续发展；第四，应坚持以人为本的核心原则，将评价指标具体化，并扩大评价主体的范围。

（2）利用实习成长档案袋确保评价的客观公正

评价实习生时，不仅要重视最终的评价结果，还应关注整个评价过程。利用实习成长档案袋（portfolio），能够帮助评价者对实习生的教育实习表现进行客观

性地评估。portfolio 常被用在英国的基础教育体系中，用来记录学生学习过程中各个阶段的成就，借此可以将学生的进步情况直观地展示出来。随着教学的发展，国内的语言教学实践和评价中同样用到了 portfolio 这一工具，它能够及时、客观且全面地记录并保存实习生的学习进展、业务能力的提升、专业技能的发展以及实习期间的表现，因此，其成为考核实习生教育实习成绩的关键工具。采用实习成长档案袋评价方法，有助于推动实习生进行深入的自我审视，形成良好的自主学习与管理习惯，关注学习过程中的积累，推动评价方式由单一的终结性评价转变为关注成长历程的过程性评价，从而充分挖掘教育实习的潜在价值。

教育实习评价对于确保教育实习活动的顺利推进、达成预定目标起着至关重要的作用。在进行教育实习评价时，应当结合使用档案袋评价和常规的评价方法，以便更加客观和全面地评价实习生的实习成果，确保实习考核工作的真正落实，并为实习生的长远发展打下坚实的基础。

在英语师范专业的教育实习过程中，提高实习质量实际上就是增强实习生的实践技能。OBE 的教育实习模式，重点关注实习的成果，关注结果对过程的反馈作用，注重过程的监督以及实践能力的系统性培养。这种模式不仅为实习生在实际工作岗位上的能力发展提供了一种可靠的监控手段，也是推动实践教学改革的一种积极探索。

（二）英语专业课程设计

以下将通过英语听力课程设计的案例，阐述 OBE 教育理念与高等院校外语实践教学过程结合的方式：

1. 教学内容分析

本节课聚焦于日常订餐服务的听力训练场景，课程时长为两课时，课程资料来源于《英语初级听力》第一册中的两个对话片段以及一篇相关文章。本节课的教学设计内容和难度级别定位在教材规定的初级水平之上的中高级阶段，重点在于对话和篇章的听力练习。

2. 教学对象分析

本次教学实践的对象为保定学院英语专业的大二学生，教学研究分为实验班级和对照班级。学生在此之前已经积累了一定的听力知识，这为本次课程的学习奠定了基础。就基础知识而言，大部分学生经历了较长时间的英语学习和一年半的专业英语学习。因此，选择大二学生作为研究对象是合适的。

3. 教学目标分析

（1）认知目标

学生应深刻把握本节课涉及的词汇以及用于预约服务的英语表达方式，能够理解两段关于订餐服务的对话并完成配套练习，同时完成一篇与订餐服务相关的听写作业。

（2）技能目标

在模拟或真实的订餐预约环境中，学生能够自如地运用英语进行表达，并掌握沟通技巧，有效完成订餐预约的相关操作。

（3）素养目标

通过订餐服务的听力训练，帮助学生更深刻地理解英语与汉语在特定语境下运用方式的差异，从而增进对英语语言特性的全面认识。

4. 教学重点与难点

本课程的教学重点在于对话听力训练，以此培养学生在日常情境中的听力与交流能力。而教学的难点则是篇章听写，要求学生能够全神贯注地听，并确保听写的完整性和准确性。

5. 教学资源

本课程所用到的教学资源，除了教材，还用到多媒体语音教室，并配备电视机及相关听力设备。

6. 教学策略

应结合听力课程的内容以及学生的特性来进行教学，避免纯理论传授的僵化模式，也要杜绝教师仅充当操作员或播放者的情况。在以目标为导向的教学法框架下，实行游戏化教学，明确游戏化教学的具体目标。同时，运用师生互动、小组协作等多样化的形式，再辅以针对性强化训练等，激发学生的学习兴趣，从而实现教学目标。游戏化教学以竞赛的形式进行，规定任务完成情况最差或表现最差的小组需有一名成员退出，而完成新任务则有机会救回退出的成员或获得新的成员。通过这种方式，整个教学过程变得更具游戏性和竞争性，也使学生在听力方面的学习更具目标性和主动性，学习热情显著提升，从而取得较好的教学成果。

7. 教学过程

首先，引导教学环节，师生间互相问好；其次，将学生划分成 8 个小组，并明确相应的规则；再次，阐明教学的具体目标，再进行实际教学，讲解重难点单词，并纠正常见的错误发音，而后通过对话 1 与对话 2，以竞赛形式进行小组听力练习，并完成听写任务；最后，对学习目标的达成状况进行评估，并归纳总结课堂内容。

8. 教学测量

在教学实验开始之前和结束之后，教师将对学生的听力水平进行测试。测试题目均来源于教材课后拓展部分，共计两道题目，每题各占 5 分，合计 10 分。课后，教师对学生进行随机访谈，以此获得他们对课堂教学效果的反馈，并以此为基础评估教学的实际成效。

9. 教学评价与反思

在本英语专业课程的教学规划中，采纳了基于 OBE 教育理念的目标导向教学法和游戏化教学手段，突出学生的核心地位，赋予学生更多的主导权。为了有效实现各项教学目标和预期效果，教师应具备对课堂的强大掌控力和评估能力，并在课前做好详尽的准备工作，预见可能出现的难题并想出对策。同时，学生需要积极投入并参与整个教学过程中。需要关注的是，在小组合作学习中，常常是学习能力较强的学生主导了合作流程，而能力较弱的学生可能缺乏积极性，找不到参与的机会。在这种情况下，教师可通过明确分配每个小组成员的具体职责和任务来对此进行干预与调整。

二、非师范专业

（一）商务英语专业

外语教育与国际商务学院商务英语专业《专业实践》课程基本信息，如表 2-3-3 所示。

表 2-3-3　课程基本信息

课程名称	专业实践
课程类别	专业研习、专业见习

（续表）

课程名称	专业实践
课程代码	1040300001、1040300002
修读形式	必修
学分	4
学时	8 周
开设学期	第二、三、四、五学期
选修课程	综合商务英语、商务英语听说、英语语音、商务英语函电、跨境电子商务等

专业实践是重要的实践教学环节之一，是理论与实践相结合的重要形式。其目的与任务在于通过一系列的专业实践活动，培养学生掌握正确的英语语音语调，提高学生口语表达能力、商务翻译能力、商务沟通能力，加深学生对于企业的认知，熟悉外贸、跨境电商的基本流程，进一步提高学生的认识以及分析问题、解决问题的能力，为今后走向工作岗位打下良好的专业基础。

本课程的教学目标为：

第一，学生具有较高的政治理论素养、高度的民族自豪感和社会责任感，具有较强的创新意识和良好的身心素质，具备良好的专业品质和良好的学术道德，具备踏实敬业、吃苦耐劳、团结协作的职业素养。

第二，学生能够在实际场景中利用所学英语语言知识和听、说、读、写、译的能力，能够从事英文演讲、模仿、商务口译、笔译工作，能够用中英文草拟各种文件并处理有关商务函件等工作。

第三，熟悉现代办公自动化主要设备和掌握计算机的操作应用技能，能够熟练使用网络、熟悉跨境电子商务操作流程。

第四，学生能够初步了解地方企业概况、企业文化、企业管理等内容，充分利用课上所学知识，在锻炼自身实践能力的同时服务地方企业。

课程教学内容学时分配表，如表 2-3-4 所示。

表 2-3-4　课程教学内容学时分配表

专业实践内容 / 项目	学期	学时 / 周	实训地点	学分
语音专项研习	2	2 周	校内、校外	1
企业认知见习	3	2 周	校内、校外	1
商务函电专项研习	4	2 周	校内、校外	1
跨境电商专项见习	5	2 周	校内、校外	1
合计		8 周		4

1. 商务英语专业见习

跨境电商行业蓬勃发展，但从业人员的专业能力差异显著。校企合作是一种教育与产业结合的合作模式，学校针对性地为企业培养专业人才，强调教育的实用性和效果。OBE 模式突出了教学成果在教育过程中的核心地位，这一理念贯穿于人才培养规划、课程要求和课程开发等各个层面。这种成果导向的教学法旨在帮助学生清晰认识到学习的目的，从而激发他们的学习热情，培养出能够满足行业需求的技能型人才。目前，跨境电商人才的培养仍面临诸多挑战，需要从多个角度出发，改进和完善校企合作的跨境电商教育模式，以显著提升教育成果。

近些年来，越来越多的高校开始重视实践教学环节，并投入大量资源进行改革，通过引入 OBE 理念，学校重新修订了培养计划和课程框架，改善了课程结构，将实践操作，如店铺管理等内容与跨境电商理论知识相结合，从而提升学生应用知识的能力。在校企合作的实施进程中，为了确保实习内容与专业对口，学校会在选择合作企业之前，根据自身的学科专长和企业特性进行筛选。在此过程中，教师应定期访问合作企业，深入了解跨境电商的实际运作机制。另外，企业的技术专家也可以进入校园，提供技术讲解和专业指导。通过这种方式，可以推动教学资源的整合，进而实现教学质量的提高。

通过采纳 OBE 理念来实施校企合作的跨境电商教育模式，可以有效改善学校现有的跨境电商人才培养方案，加快推动学校改革的进程。在“实用为主，够用为度”的教学思想指导下，优化教学资源的配置，有利于激发学校与企业的潜能，使各自的优势充分发挥出来，并打造一个学校与企业协同共生、资源共享、制度共融、平台共构的闭环教育系统。学校高度重视人才培养与市场需求的紧密结合，致力于培养出能够满足市场需求的复合型人才，实现“按需所学、学以致用”的精细化教学目标，从而有效提升人才培养的效能。以学生发展为核心，构建“校中有企、企中有校、校企相依”的创新人才培养模式，规划一条“校内实习（学）、校外实践（产）”的综合性发展轨迹，打造一个充满活力、结构严谨、运行高效的实践教学环境。综上所述，基于OBE理念的校企合作跨境电商教学模式的实施，对推动学校的改革与发展起到了关键的促进作用。

OBE教育理念侧重于依据产业和企业的实际需求来设定教学方向，并对学习成果进行预先评估。为了明确教学目的，学校必须深入了解相关行业的特性。在跨境电商领域的实践教学中，学生要学习跨境零售、电子商务等基础理论，以此构建完整的跨境电商知识框架。鉴于跨境电商行业的特殊性，学校在实际教学中应深入了解当地产业环境，全面分析岗位所需技能，并据此设计一套科学、合理的课程结构进行人才培养。

要培育优秀的跨境电商人才，对于学生而言，应对自身的职业岗位及相关技能有清晰的认识，迅速掌握相关职业能力，从而成为能够独立运营店铺、挑选商品、分析市场趋势及熟练运用数据的跨境电商领域的专业人才。对于学校而言，学校应着重培养学生解决实际问题的能力。基于此，课程内容的制定必须基于跨境电商岗位的实际需求，并考虑岗位间的相互关系及其内在逻辑性，这样才能培养学生扎实的专业能力。为了助力学生顺利步入职场，教师应有计划地根据跨境电商企业的实际运营情况，安排一些相关的小组任务，如商品发布、数据分析等，以此提高学生的沟通能力和培养团队的合作精神，从而契合企业对人才需求的期望。

学校与企业应当携手打造开放型的实验室，为学生自主探索、分析跨境电商各环节的任务及所需技能提供一个良好的环境。首先，学校需完善实验室的基础配备，引入模拟软件等工具，构建一个让学生开设网店、策划营销方案的真实场景，使他们能提前熟悉跨境电商的工作流程。其次，专业教师负责理论讲授，而企业资深人员及行业专家则提供实践指导。这种分层且立体的培养模式，有利于学生在校园内积累更多的实践经验。最后，经过实验室的培训，学校能够向跨境电商企业推荐表现优异的学生。企业依据学生的具体表现提供个性化指导，学校则帮助学生处理实际操作中遇到的难题，不断提升跨境电商人才的培养质量。在校企合作培养模式中，企业不仅要接收学生，还要承担教师培训等相关工作。

在 OBE 理念的指导下，实现预设的学习目标不仅是教学活动的根本，也是教学活动的最终目的。实施多样化教学策略时，要紧密结合当前市场需求，以就业为目标，同时考虑学生的个体特性和学习条件，为他们打造专业化的学习环境。为确保达到预期的学习成效，精心规划并实施相应的教学方法和活动至关重要。对于所规划实施的教学方法或活动是否有效，可以从以下三个方面进行考量：第一，该教学方法或活动是否有助于达成预定目标；第二，是否能解决实际问题；第三，是否能激发学生的学习热情和主动性。在跨境电商理论课程的校企合作教学中，可以利用腾讯会议等在线平台进行直播教学，通过互动连麦等功能提高学生的参与度和专注度，从而激发他们的学习兴趣。教师还可以通过 QQ 群等方式及时协助学生处理实际问题。采用“线上 + 线下”相结合的教学模式，充分利用数字教学工具的优势，帮助学生更深入地了解校企合作跨境电商课程的教学方式，确保达到理想的学习效果。在跨境电商专业的教学中，可以根据情况选择“岗位情境式”或“业务定制式”的教学方法。在“业务定制式”教学模式下，首先，教师要做的是对学生的专业基础进行评估。其次，教师根据学生的学习情况安排合适的业务，以此加强学生对知识和技能的掌握。最后，教师应对学生的作业质量进行评估，发现其学习中的薄弱点，并提供针对性地指导和帮助，以确保学生实现预期的学习目标。

2. 商务英语专业毕业设计

除了上述内容，英语专业教师在指导学生进行毕业论文设计的时候也用到了 OBE 理念。

遵循“新国标”的指导原则，商务英语专业的毕业论文（设计）着重评估学生在商务英语及专业领域的综合应用能力，同时注重其实践和创新能力的展现。在应用型高校的商务英语专业中，教师应致力于学生的全面发展，从而塑造具备国际商务实践能力的复合型人才。为此，在布置商务英语专业的毕业设计任务时，应依据 OBE 理念，制定相应的规范和评价体系。在 OBE 理念指导下，为有效创新商务英语专业毕业设计模式，可实施丰富毕业论文或毕业设计的形式并拓展其选题范围、完善指导团队的组织架构、更新“学术论文写作”课程的教学内容、细化毕业设计的评价准则等策略。具体的实施方案如下所述：

（1）丰富毕业论文或毕业设计的形式并拓展其选题范围

商务英语专业融合了英语语言与商务知识的双重特点，其毕业论文需充分展现这一独特的学科交叉性。《普通高等学校本科商务英语专业教学指南（2020 年）》中明确指出，商务英语专业的毕业论文应用英语撰写，并且可采用多种形式，如学术论文、商务计划书、研究报告以及案例分析报告等。此外，该“教学指南”以及“新国标”均大力倡导商务英语专业的毕业设计应融入更多的实践活动和创新元素。这意味着，学生可以选择的毕业设计类型不仅包括传统的学术研究，还可以包括具有实践意义的策划方案、商业规划、案例研究、翻译及评价，以及对企业、行业或市场进行的详尽调研和分析报告。对于学生来说，他们可以从多个视角出发，探索和确定自己的研究课题。

首先，学生在选择毕业设计题目时，可以参考指导教师的研究领域。如果指导教师有关于企业或行业相关的市场调研或政策建议分析等资料，学生可以在选题时借鉴这些方向。对于想撰写学术论文的学生，可以将指导教师的科研课题与商务英语的专业领域相结合，例如，商务语用、商务语言、商务文化、商务翻译等方面进行深入研究。其次，学生可以根据商务英语专业可能涉及的职业和岗位来选定题目，专注于分析并解决在这些岗位上可能遇到的实际问题。最后，商务英语专业的学生还可以参与各种竞赛，这些竞赛强调理论与实践结合、教育与产业融合、以赛促教、以赛促学、以赛促改等内容。同时，这些竞赛旨在推动高校商务英语专业的理论与实践相结合，提高学生在商务知识和实践技能方面的综合素质。这些竞赛题目鼓励学生参与实际操作，深入市场进行调研，探索创新的解决方案，并可作为毕业设计选题的参考方向。例如，学生可以根据全国大学生商务谈判大赛的要求，选择与之相关的商务谈判策划书作为毕业设计的研究方向。

（2）完善指导团队的组织架构

毕业设计的质量依赖指导教师的综合素质和专业能力。因此，商务英语专业的毕业设计指导教师应当致力于不断提升自己的教学能力，以及研究和应用的能力。特别是在应用型高校中，商务英语专业的毕业设计指导往往面临一个问题：本校教师可能在实践经验上有所欠缺，这会影响他们对实践类毕业设计的有效指导。为了解决这一问题，高校可以采取一系列措施来强化实践型教师的队伍建设，如增强指导教师对实践重要性的认识、提升他们的实际操作能力等。通过采用这些措施，可以有效地改善毕业设计指导团队的结构，从而提高毕业设计的质量和实用性。

首先，为了提升商务英语专业教师的实践能力，高校可以采取内外结合的策略。一方面，通过校内的培养计划，提升现有教师的实践技能；另一方面，从外部吸引具有商科背景的专业人士加入教学团队。对于毕业设计指导教师而言，仅掌握商务英语的理论知识是不够的，他们还需要深入了解企业运作流程和岗位需求等实践知识。在内部培养方面，学校可以制定激励政策，鼓励教师带领学生参与实际的社会课题研究，以此增强教师的实战经验和学生的实践能力。同时，高校可以支持教师到企业单位进行锻炼，这样不仅能提升教师的实践技能，还能使他们在教学中更好地给学生传授实践经验。此外，毕业设计指导教师可以通过参加金融、管理、统计等相关专业的课程学习，或参与学术会议和研讨会，来拓宽自己的知识领域。这将有助于他们更有效地指导涉及多学科知识的商务英语专业毕业设计。在外部引进方面，高校可以考虑招聘具有商科专业知识的教师，或者吸引那些拥有交叉学科背景的专业人士。

其次，应用型高校商务英语专业的毕业设计应当注重创新思维、实践技能和应用能力的培养，重点放在解决现实问题上。然而，高校内部的教师往往更倾向于学术研究，对于实践性较强的毕业设计指导可能不够熟练。因此，鉴于应用型高校商务英语专业的特点，高校可以实行“双导师制”，即由高校内部的指导教师和来自行业或企业的导师共同指导学生的毕业设计。这些行业或企业的导师可以从校企合作单位、实训课程合作单位或学生实习单位中选拔。在“双导师制”之中，高校指导教师与企业导师会涉及从最初的课程学习到毕业设计的选题、开题报告、撰写，以及答辩的全过程来对学生进行指导。在前期的教学阶段，行业或企业的导师可以通过组织企业家讲座或课堂互动等方式，帮助学生了解企业的运营、管理、市场营销和组织结构等方面的实际知识。在毕业设计的选题、开题和撰写阶段，这些导师可以提供实际的指导，协助学生获取必要的第一手资料，并在毕业设计的答辩和评审阶段，根据学生设计的可实施性、创新性和经济效益进行评估。

（3）更新“学术论文写作”课程的教学内容

课程教学管理对毕业设计的质量有直接的影响。遵循“新国标”的指导原则，我国部分高校已经开始对商务英语专业的毕业设计模式进行创新，逐渐从单一的学术论文写作转变为项目报告、调研报告和学术论文等多元化毕业设计。在我国当前的商务英语专业“学术论文写作”课程中，教学内容主要集中在毕业论文的写作规范、选题策略、参考文献的检索与阅读技巧、文献综述和开题报告的撰写方法，以及论文正文的写作要求等。

商务英语专业的学生在选择毕业设计题目时，如果没有进行深入的实地调研，他们通常会倾向于参考过往学生的学术性毕业论文题目。为此，为指导学生从理论研究型选题向实践应用型选题转变，我国应用型高校可以在“学术论文写作”课程中增添与毕业设计相关的内容，如将介绍毕业设计与毕业论文的不同点、毕业设计的潜在优势等内容融入“学术论文写作”课程中，以便学生能够更全面地理解毕业设计的意义和价值。目前，尽管国内许多其他专业已经出版了与毕业设计相关的教学资料，但商务英语专业在这一方面尚属空白。因此，各高校应当积极激励商务英语专业的教师开展相关研究，并着手编写适合该专业的毕业设计教材。

（4）细化毕业设计的评价准则

商务英语专业作为一个典型的新文科领域，具有跨学科的特性。该专业的毕业设计既可以选择以英语为核心，关注商务谈判技巧、商务文化研究、商务英语教学、商务话语分析、语言经济、语言管理等领域；也可以选择以商务实践为中心，采用商业规划书、商务调研报告、案例剖析、营销策略等形式进行设计。不论是学术导向还是实践导向的毕业设计，都需要建立完善的评价体系。

对于学术类的毕业设计，在学生完成后，指导教师可以沿用传统的评估手段进行全面评价。而对于实践类的毕业设计，根据“新国标”的要求，其指导和评估过程应当邀请企业或行业的专家参与。商务英语专业的毕业答辩可以通过由高校教师与行业专家共同组成的答辩委员会，对实践类毕业设计的理论部分和实践部分提出问题，并在此基础上给出综合评价。在评价实践类毕业设计时，除了关注语言表达和文档格式，还应高度重视其创新性和实用性。毕业设计作为本科教育中的一个关键综合性实践环节，旨在评估和检验学生的综合实力和创新思维。

因此，开设商务英语专业的应用型高校应当给予充分重视。

基于应用型高校商务英语专业预期的人才培养目标，可通过采取以上措施，来创新商务英语专业的毕业设计模式。这有助于毕业设计与商务核心课程的实践环节紧密结合，丰富商务英语专业的毕业论文或设计，提高学生对理论知识的实际应用能力、商务实践技能以及批判性思维能力，为未来职业生涯做好充足准备。

（二）日语专业

外语教育与国际商务学院 2021 级日语专业《实习》课程基本信息，如下表 2-3-5 所示：

表 2-3-5　课程基本信息

课程名称	实习
课程类别	实践教学
课程代码	1040200003
修读形式	必修
学分	9
学时	18 周
开设学期	第六学期
先修课程	基础日语、日语听力、商务日语等

毕业实习作为实践教学的一个关键部分，有助于学生将所学的专业知识应用于实际情境中，解决现实问题，同时强化他们的职业道德观念和社会责任感，为他们更好地适应未来的职业生涯打下坚实的基础。通过精心组织的毕业实习项目，学生得以在其中巩固和拓展大学期间习得的专业知识和技能，有助于全面提升学生的日语听说读写能力以及社会交往能力。另外，实习有助于提高学生以日语进行对外交流的能力，使日语专业毕业生能更好地满足社会发展的需求，从而实现日语专业人才服务当地经济建设与社会发展的培养目标。具体课程目标如下：

第一，深入地了解有关的实习单位，并结合本单位实际情况，了解实习单位所采取的具体措施。

第二，在深入调查、刻苦锻炼的基础上，总结实习过程中学生在专业学习上所取得的进步，检验所学到的知识和技能，归纳遇到的问题，写出能说明个人在实习中的表现、实践能力上的提高，以及实习单位对日语人才素质需求等情况的实习报告。

第三，收集、了解实习单位日语人才所需的知识、资料（如口、笔译翻译资料、外文公文、工作规程、日语教学等）。

第四，在思想作风、工作态度上自觉地进行锻炼，了解和学习实习单位中的先进人物，把他们的先进思想、先进经验、优良作风学到手。

第五，为毕业论文的写作积累资料和实践素材。

课程教学内容主要可分为两类，一类是企业实习（翻译、外贸、接待、语料库建设等），一类是日语教学。

这里将 OBE 教育理念融入企业实习相关实践教学之中进行讲述。其实践目标为：在外经、外贸、外事、导游等与日语相关的企事业等单位实习，根据实习单位的需要，争取多接触需要外语技能的具体工作，全面提高听、说、读、写、译方面的语言运用能力，以及经贸、旅游等方面的实际工作技能。实践内容包括日语翻译、导游、外贸、日语语料库建设等。

OBE 教育理念注重学习成果，其最终关注的是学生到底学到了什么，在这个过程中，为了增强实训的有效性，实习指导教师和学校要加强对企事业单位的关注和管理，注意学生的日常工作，还要发挥校外实训基地的最大优势。具体措施如下：

1. 加强企事业单位管理，增强实训的有效性

学校与企事业单位之间应当签署正式合同，明确界定各自的任务和职责，构建起学生实习实训的合作关系。此外，制定确保教学任务得以完成、教学质量得以提升的相关制度和举措也是十分必要的。合同中还应明确，校方要为企事业单位提供人才等相关资源，而企事业单位则需为学校提供就业岗位及实训场地。同时，为促进合作关系，实现共同发展，双方应定期举行会议，并在招生、教学、实习以及就业等诸多方面展开深度合作，共同培育行业专业人才。

与此同时，实习和实训基地工作人员，尤其是实习指导教师，均应具备工作相关的学历背景、技术职称和专业技能。要对其指导工作进行定期检查，并设立相关制度。学校应与企事业单位共同解决实训基地在建设和管理工作中遇到的问题，支持实训基地在建设、发展以及培训等方面的工作，并及时给予帮助。

在学生进入企事业单位前，学校应对其进行教育培训，强调学生应自觉遵守企事业单位的各项规章制度，尽职尽责，不得出现私自换岗、顶岗或缺岗的情况。实习结束后，教师应辅助学生完成详细的实习实训总结报告。

2. 发挥校外实训基地优势，提高学生就业竞争力

高校采用与企业携手合作的培养模式，让学生深入企业内部，使他们能够切实参与到企业的生产过程中，从而在实际操作中全面提升自身的综合素养。结合课程的具体内容，将部分课程的实训基地建设在课外、校外甚至海外。此外，加强国内日资企业实习基地的建设。学生通过在这些日资企业实习基地实习，可以提前熟悉相关企业文化、积累更多的工作经验，增强自身的就业竞争优势，提高自身对社会和企业的适应能力。与此同时，高校加强与实习基地所属单位之间的合作，协同开展课题研究，共同参与新产品的研发。这有利于提高高校的办学质量，对用人单位而言，可帮助其实现可持续发展。

第四节　高校外语 OBE 教育理念的展望

第一，高校未来要建立专门的 OBE 教育理念推广组织，负责整体的设计、推广和协调工作。OBE 教育理念的推广和应用对高校培养应用型人才具有极大正向作用，但其也是一个系统性的工程，需要在推广时对学校本身和外部环境进行充分的调查研究，根据学校自身的情况和我国教育体系的现状设计出具有自身特性的运用模式，这不是一个教师、一个专业或者一个系部能够完成的事情，它需要各行政部门和教学部门相互配合。

第二，在推广 OBE 教学理念之前，要对学生和教师进行相关的培训。OBE 理念的推广是为了促使以教师为主的教育模式向以学生为主的教育模式转变，这个转变的过程中，需要教师能够充分地理解 OBE 理念的真实内涵，以便于能够根据总的课程体系来设计自己的课堂，在课堂中鼓励引导学生发挥主观能动性，

把时间真正地还给学生。同时，需要学生都是有才能的，且具有较强的主动学习精神，所以在真正推广 OBE 教学理念之前，需要专门对教师和学生进行培训。对教师培训的主要内容包括 OBE 教育理念的内涵、OBE 理念实施过程中的主要细节和关键指标、OBE 理念实施过程中不确定性因素的控制方式等。

第三，增强高校之间的沟通和合作，实现资源共享。每个学校所处的环境都是有所不同的，这种不同也会使每个学校在教学改革中和其他学校的改革存在共性，也有自身的特性。OBE 理念下的教学改革在我国不同的学校会有不同的表现，故各高校之间应该加强相互的沟通和交流，能够实现资源共享，共同完成 OBE 理念在各个高校中的推广和应用，促进我国教育事业的发展。当然，各大高校在相互借鉴的同时，要注意自身的特性，对不适合自身发展的策略要及时调整，实现本校特色的 OBE 理念下的教育模式的改革。

第四，各大高校要完善 OBE 理念推广机制，疏通反馈渠道，增强自身 OBE 教育模式改革的应变能力。完善的推广机制有助于增强各相关部门之间的协调性，简化改革过程中的行政过程，提升改革效率；顺畅的反馈渠道有助于及时发现和解决改革过程中各个阶段的问题，能够促使偏离轨道的问题得到解决，进而保证预期教学目的的实现。

第三章　高校外语 POA 教育理念及其实践教学

本章主要介绍高校外语 POA 教育理念及其实践教学，从四个方面进行介绍，分别是高校外语 POA 教育理念的创建及发展、高校外语 POA 教育理念的特色、POA 教育理念在高校外语实践教学中的实施案例以及高校外语 POA 教育理念的反思与展望。

第一节　高校外语 POA 教育理念的创建及发展

一、创建理据

（一）社会语言学理据

从社会语言学的角度来看，在我国职场环境中，外语的应用方式丰富多变，其涵盖了听—说、听—写、读—说、读—写、听—译、读—译等多种形式。

尽管听和读是最基础且关键的要素，但如果没有说、写、译这些外部表现形式的活动，那么通过听或读所获取的内容就无法被外界了解。而且职场中外语交际活动的成效，最终是通过说、写、译等形式来体现的。很少有单一的听力或阅读活动能够独立存在。通过观察职场中那些以输出作为最终呈现形式的交流活动，可以发现，相较于说和写，口、笔、译的出现频次相对较高。通常情况下，除了外资企业，在合资公司或者各类企事业单位中，只要涉及英语的使用，几乎都牵涉到两种不同语言文字之间的转换。

毫无疑问，输入在外语学习过程中占据着至关重要的地位。学习者在经过大量的阅读和听力练习后，能够在不知不觉间掌握相关外语知识，进而培养出外语的“语感”。从逻辑层面来讲，只有知识输入，才会有知识输出。关于中高级水平的外语学习者的课程安排，如何将其与初学者或者低水平外语学习者区分开来，这是值得我们深入思考的一个问题。

（二）外语学习者自身需求

随着高中毕业生英语水平的显著提升，当下我们迫切需要在教学观念上更多地突出输出的重要性。在大学生刚入校时，其至少已接受了六年的英语学习，他们已经掌握了大约两千个常用词汇，对基础的语法结构也有了深刻的认识，并具备了基本的英语交际能力。尽管如此，现行的课程设置依然侧重于培养学生的接受技能。通常情况下，当引入新的知识点时，教师会单方面认为这些新的单词和语法规则在学生未来的语言实践中有益，但学生对于这些新知识将来的具体应用场景却知之甚少，只知道它们将来可能会有用，却不清楚具体何时何地会派上用场。在这种学习模式下，学生的求知欲和好奇心会逐渐降低。而由学习者自己察觉到的语言不足所驱动的学习，是一种自身内在驱动的学习方式。意识到自身不足的是学习者本人，想要弥补这一不足也是源于他们自己的一个愿望。在这种情境下，学习者处于主动学习状态，而非被动接受状态。作者认为，对于中高级水平的学习者来说，激发他们学习热情的最佳途径是为他们创造机会，引导他们主动探寻自己的知识盲区，从而唤醒他们填补这些不足的强烈愿望。

二、发展阶段

POA 的发展并不是一次就成功的，而是经历了理论—实践—诠释多轮循环互动过程。POA 的发展大致可以分为以下五个阶段：

（一）萌芽阶段

2007 年 5 月，文秋芳教授接受邀请，担任了上海外语教育出版社组织的“首届全国英语专业院系主任高级论坛”的演讲嘉宾。次年，《外语界》期刊上发表了文秋芳教授撰写的一篇题为《输出驱动假设与英语专业技能课程改革》的论文。输出驱动假设不仅是 POA 理论的基石，也是其最初的理论模型。其核心内容包括：从教学过程的视角来看，相较于输入，输出对外语学习的内在动力具有更大的激发作用，输出驱动不仅能推动接受性语言知识的应用，还能唤醒学生探索新语言知识的渴望；从教学目标的视角来看，重视培养说、写、译等产出性技能与社会的实际需求更为符合。

2013 年 4 月，文秋芳教授应外语教学与研究出版社的邀请，作为主旨发言人参加了全国高校大学英语教学发展学术研讨会，并在此会议上进行了发言。随后，她撰写了一篇题为《输出驱动假设在大学英语教学中的应用：思考与建议》的论文，并在期刊《外语界》2013 年第 6 期上发表。该论文对“输出驱动假设”“输入假设”“输出假设”“互动假设”之间的区别与联系进行了进一步的探讨，并基于“输出驱动假设”提出了大学英语课程体系的构想，详细阐述了课堂教学的基本流程。

在此期间，文秋芳教授在五所高校发起了 POA 教学实践的研究活动。参与研究的教师根据“输出驱动”的教学理念，精心策划了包含综合英语、视听说以及学术英语在内的四课时的教学方案。为了更好地分析研究效果，每位教师的授课都被完整地录制了下来。课程结束后，参与研究的教师团队结合录制的视频资料，对教学成果进行了深入的分析与总结，并指出了实践中存在的问题，如输入内容不够系统，教师在教学中没有针对性地给予学生帮助等。

（二）初步成型阶段

随后，为解决上述实践中出现的问题，POA 研究团队提出“输出驱动—输入促成假设”，并邀请资深外语教育研究者就这一假设进行研讨。文秋芳教授后撰文解释了新假设的内涵，说明了实施新假设的具体步骤，并回应了相关质疑。该假设主张，在输出驱动的前提下，教师必须有计划、有步骤地为学生的输出提供有针对性的输入，以促成输出任务的完成，最后再对产出进行有效评价。

（三）形成阶段（POA 1.0 版）

2014 年下半年，POA 团队与加拿大多伦多大学教育学院艾利斯特·坎明（Alister Cumming）教授，就“输出驱动—输入促成假设”如何凝练成抽象的概念体系进行了多次深入探讨。经过反复斟酌，将其命名为 Production-oriented approach（简称 POA），中文译为“产出导向法”。此后，POA 这一名称一直延续至今。文秋芳首次完整阐述了 POA 理论体系，如图 3-1-1 所示。

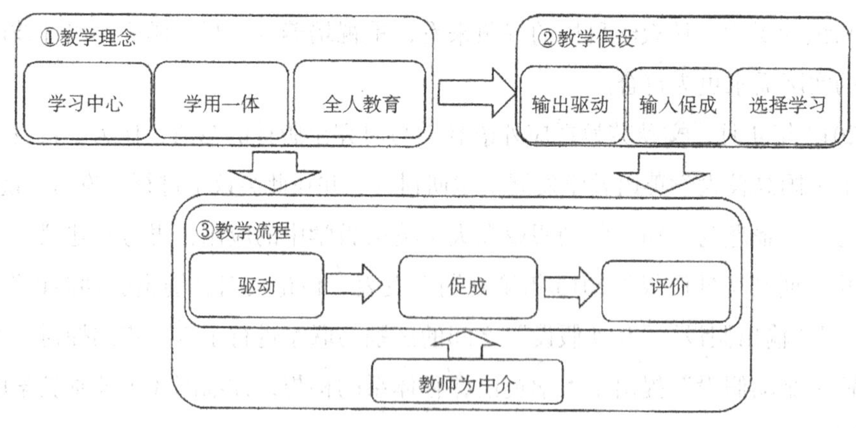

图 3-1-1　POA 理论体系 1.0 版

在这一阶段，有多位学者在第八批“中国外语教育基金”的资助下，就 POA

理论体系在课堂教学中的实施开展了教学研究。值得一提的是，2017 年 5 月，张文娟以《“产出导向法”理论在大学英语教学实践中的行动研究》为题顺利完成了博士论文，为 POA 理论体系的修订提供了重要依据。

（四）修订阶段（POA 2.0 版）

2017 年，POA 团队举办了两次国际论坛，与国内外学者就 POA 理论与实践进行对话交流。第一次于 5 月 15 日在北京外国语大学举办，第二次于 10 月 13 日和 14 日在奥地利维也纳大学举办。POA 团队从这两次国际论坛中汲取了经验，对 POA 理论体系进行了第一次修订（图 3–1–2），并在对比国外理论的基础上，根据中国的实际情况对 POA 理论进行了本土化分析，继而发表了两篇论文。

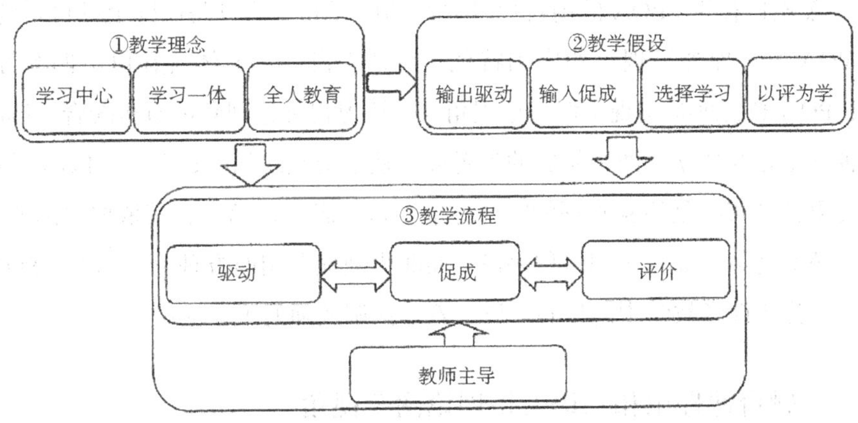

图 3–1–2　POA 理论体系 2.0 版

与 2015 年的 POA 理论体系相比，2017 年的 POA 2.0 版增加了“以评为学”教学假设；将教学流程中的单向箭头改为双向箭头，以突出教学环节的互动性和循环性。此外，将“教师为中介”改为“教师主导”，这样更符合中文表达习惯，便于教师理解。

（五）再修订阶段（POA 3.0 版）

POA 3.0 版由教学理念、教学假设以及教学流程这三个部分构成，以此来看，其与 POA 2.0 版大致相同。POA 3.0 版具体的变化主要在理论体系这三部分内部的内容以及呈现形式方面有所体现。在教学理念层面，针对教学内容增添了“文化交流论”；从培养目标来看，POA 3.0 版以“关键能力论”取代了“全人教育论”，目的是让教育目标更加清晰明确，使之可教、可测、可量。在教学流程方面，POA 3.0 版将“驱动—促成—评价”这三个环节划分成内部的小循环以及整体的大循环，同时界定了教师和学生在教学活动中的作用，着重强调了在教师的主导作用下，师生之间的紧密合作和对教学过程的共同建设。

第二节　高校外语 POA 教育理念的特色

POA 的构建者在充分吸收中国传统教育思想和西方教学理论精髓的基础上，还与国际众多学者展开了广泛的交流，部分研究成果已在国际学术界公开发表。从这层意义上来讲，POA 的内容以及对其的解释并非不具备国际上的可理解性。关于 POA 教育理念呈现出的中国特色，概括来讲，主要体现在以下四个方面：第一，POA 教育理念实现了课程论视角与二语习得理论视角的有机融合，解决了这两种理论相互独立、两个领域的学者彼此缺乏交流的问题；第二，POA 教育理念始终秉持“实践是检验真理的唯一标准”这一思想；第三，其依据中国的实际国情，精准施策，综合运用多种手段，而非生硬地套用西方理论；第四，POA 教育理念聚焦于课堂教学中的核心矛盾，着重强调教师的主导地位。

一、融合课程论和二语习得理论两个视角

POA 的构建者既精通课程论，又熟悉二语习得理论，并且试图将这两种理论加以整合。融合后的 POA 包含三个教学环节。每个环节均包含符合课程论要求的具体内容，具体涵盖了教师怎样确定恰当的教学目标、怎样选择能够达成教学目标的教学内容、运用何种教学方法来实现教学目标，以及运用什么评测体系来检验教学目标的实现情况。从二语习得的角度来看，在不同的教学环节中，应关注二语习得理论的不同要点。其中，教学驱动环节彰显了二语习得理论中的“输出驱动假设”，而促成环节则体现了二语习得理论中的“输入促成假设”和“选择学习假设”，评价环节则反映了二语习得理论中“以评为学假设”。显然，POA 的构建者正是以课程论和二语习得理论作为 POA 体系的理论依据，并将两种理论融入其中，而非把融合的任务交由教师完成。

二、始终坚持“实践是检验真理的唯一标准”

POA 构建者一直坚持“实践是检验真理的唯一标准”这一马克思主义基本原理，将 POA 应用于不同课堂、鼓励不同教师去实践，并依据实践结果不断修订与完善 POA 理论。目前，参与研究的老师已有数百名。POA 理论构建者不仅参与授课教师的备课，有时还观看他们的教学录像，与他们探讨教学各个环节中出现的问题，并与他们一起总结与反思目前理论中的不足及其改进方法。

虽有一部分教师将 POA 付诸实施，取得了一定成效，发现并解决了一些问题，但其发展还需要进行更多实验、理性反思与总结。

三、“对症下药，综合施策”

POA 体系的出现并非研究者为了彰显自己，也并非单纯为了构建理论。相反，POA 团队拥有深厚的外语教学背景，他们不仅深刻理解中国本土的实际问题，还对西方的各种理论有深入的了解和研究。POA 团队融合中西方理论精华，并严格遵循“具体情况具体分析”的原则，致力于探索与中国国情相符的解决方案。

随着我国在全球经济地位的显著提升，对外开放的广度和深度不断拓展，社会各界对高校毕业生的外语能力提出了更高的标准和期望。POA 教育理念正是在对我国外语教学现状进行全面分析后，提出的一种符合中国国情的、具有中国特色的、创新的教学模式。

21 世纪以来，越来越多的教师尝试运用“任务教学法”“项目教学法”等教学模式，着重关注学生对英语的实际运用。教师会在课前精心设计教学任务，在课堂上组织学生展开小组讨论，提高学生的学习积极性和主动性，并使学生能够在互动交流中获得一定的启发，以此提升学生的产出技能。随后，教师会鼓励学生将小组讨论成果在班内进行分享，并适时给予帮助，同时，针对学生的表现给出及时的、积极的反馈。另外，还有一些教师会给学生布置与课堂教学相关的课外任务，让学生通过多种途径去搜集相关语言材料，从而推动课堂产出的质量的提高。

“任务教学法”“项目教学法”等教学方式无疑对学生高效运用已有知识具有促进作用。利用这些教学方式，学生能够获取零碎的新知识。但是学生在产出时，可能会遇到内容、语言以及语法结构等方面的问题。因此，教师应精心挑选合适的输入素材，更应巧妙地引导学生灵活运用这些素材，以此帮助学生解决产出过程中的问题，让学生在逐步探索中稳健迈进，最终促进产出活动的顺利完成。

POA 不仅具有较强的针对性，而且系统全面。其作为一种创新的教学方法，旨在帮助学生实现“以用促学”“以学助用”“学以致用”“学有所成”。

四、强调教师的主导作用

教师在整个教育过程中应扮演更为关键的角色。教师不仅是知识的传递者，更是课堂教学的设计者、教学活动的组织者、学习方向的引领者和课堂节奏的指挥者。在教学过程中，虽然学生处于中心地位，但教师同样发挥着至关重要的作用，其能够激发学生的积极性，引导他们有效地参与学习，确保学习成果的最大化。

为了充分发挥教师在教学过程中的主导作用，这里提出了四条指导教学成功的原则：豫、时、孙、摩。“豫”强调教师应具备预见性，通过及时的干预措施来预防学生可能出现的问题及行为；“时”指出，教师应把握教学的最佳时机，提供与学生能力相匹配的学习材料；“孙”要求教师采用渐进式的教学策略，从基础开始，逐步提升难度和深度，并按照由简至繁的顺序逐步展开教学内容，以确保学生能够稳步地吸收和理解知识；“摩”着重指出教师应创设一个互动平台，使学生能够互相借鉴并学习他人的优点。这四条原则的有效实施都依赖于教师的积极参与和引导。具体来说，“豫”依赖于教师敏锐的洞察力和对学生的深入了解；“时”要求教师能够准确评估学生的能力，并提供适当难度的学习内容以激发学生的兴趣和挑战欲；“孙”要求教师不仅要对学生的学习情况有所了解，还要对教学内容有深入的理解，以便合理安排教学内容，科学规划教学进度；而“摩”的成功实施则依赖于教师培养学生发现和学习同伴优点的能力，这就需要教师有意识地对学生进行指导和训练。

尽管 POA 理论着重突出了教师在教学过程中的主导作用，但这并不是对学生在学习中的主体角色的忽视。相反，强化教师的主导作用是为了更好地利用教师的专业知识和教学技巧，最大限度地提高学生的学习效果。由于教师具有专业的背景和丰富的教学经验，因此承担着教育质量的主要责任。为了防止对教学本质的误解和对教育过程的过度简化，POA 提倡“学习中心”的教育观念。这一理念鼓励我们将关注点集中在教育的根本目的上，即确保学生能够学有所获、学以致用、学以成才。

教师的主导作用不仅体现在培养学生的外语应用能力上，更为重要的是体现在培养学生正确的世界观、人生观和价值观上。语言作为一种抽象符号系统，不仅具有价值导向，还能为不同阶级、不同意识形态服务。一旦成了话语，无论是口头的还是笔头的，都有了鲜明的价值取向。从这个意义上说，外语教师在课堂上的一言一行都对学生有着不可估量的影响。中国有尊师重道的传统，在教师的传道、授业、解惑的三项职责中，传道位于首位。换句话说，我们应该把育人放在首位，育人的本质是要引领学生具有理想信念、家国情怀、高尚品格，但只有德也不行，德才兼备才能成为国家栋梁之材。因此，传道与授业应该相互统一、相互融合。

世界上有多种外语教育理论，每种教育理论都有各自历史、文化的标签。我们要吸收各国外语教育理论的精华，更要认真向我们的老祖宗学习。中国有着五千多年文明史，也有着非常悠久的教育传统。我们既不要妄自菲薄，也不能骄傲自大。对建设我国自己的外语教育理论要有文化自信，要协同奋战，让中国自己的外语教育理论尽快走向世界。

第三节　POA 教育理念在高校外语实践教学中的实施案例

一、师范专业

这里以 POA 教育理念为指导，选取大学英语中“Language Diversity（语言的多样性）”这一单元为实例，将 POA 教育理念融入这一单元的英语教学之中。这不仅提升了学生的语言技能，还增强了他们的文化自信，为他们以后真正走上工作岗位打下了坚实的基础。

本单元教学采用线上、线下融合式教学模式，单元教学时长为 2 周，每周为 4 课时，整个过程分为驱动、促成与评价三个环节，具体内容如下：

（一）教学内容及主题

以POA为指导方法进行课程设计，将教学内容“Language Diversity”分3个小主题：第一，记住方言，品味乡愁；第二，中国家庭儿童语言状况调查；第三，树立多语意识，体会语言魅力，热爱民族文化。

本课程以任务为导向，以2022北京冬奥会为背景，将社会热点事实与课文内容紧密结合，把学生周围发生的社会事实融入课程。教师通过提供有关北京冬奥会的视频、音频及相关资料，激发学生的学习兴趣并引导学生思考课文主题，从而使学生树立对民族文化的热爱和增强多语能力的意识，激发语言学习兴趣，并树立语言道德意识。

（二）教学目标

本单元的教学目标主要分为语言目标、人文素养目标和育人目标。

1. 语言目标

完成基本词汇学习：18个基本单词和短语，7个表达多言多语的专业术语（diversity，dialect，mandarin等），7个与冬奥会有关的术语（Olympic Games，host country，gender-balanced等）。能运用所学单词、短语、句型，对收集的资料进行整理，做笔头翻译和口头陈述。

2. 人文素养目标

目标有两点：具有跨文化意识，能够采用恰当的方式分析阐释不同语言文化，辩证看待不同语言文化的优缺点；树立多语多言意识，将语言看作一种资源，珍惜语言资源，尊重语言多样性。

3. 育人目标

育人目标有两点：了解中国方言与普通话的发展，帮助学生增强文化自信；用多种语言介绍中国，增强学生的民族自豪感和自信心。

（三）教学活动设计

以情景表演的形式来呈现输出任务。按照教学的主题，把学生分成4组。把2022年北京冬奥会的志愿者招募工作作为本次教学活动的主题，给各个小组分配任务。前三组同学要针对中国方言、中国儿童语言状况、不同国家语言的魅力三个方面的内容进行筹备，第四组同学则负责饰演来自世界各地的冬奥会运动员和记者。随后，第四组的同学就这三个方面的内容依次向前三组的同学进行提问和互动交流。最终，表现最佳的那组同学将有资格成为冬奥会的志愿者。

前期对资料的搜集、筛选、分类整理等准备工作，主要通过线上方式进行。通过这项任务不仅锻炼了学生的语言应用能力，还有助于增强学生的多语言意识，提高学生对不同语言文化的认识和辨别能力。在整个教学过程中，注重培养和训练学生的翻译能力、听说能力、自主学习能力、资料搜集能力、随机应变能力及批判性思维。

（四）教学过程

POA 教学法包括场景驱动、任务促成与多元评价三个基本流程。

1. 场景驱动

课程驱动环节的设计旨在通过真实的交际情境来提升学生的学习热情。在分配任务之前，充分考虑学生的专业背景、当前单元的教学目标以及社会的热点话题，并将它们巧妙地融合在一起。选择冬奥会作为本单元的学习背景，主要基于两个方面的考量：

（1）信息的真实性

在这次冬奥会中，成千上万的志愿者参与了各个赛区的服务工作，他们的付出和努力是实实在在的。这种真实性为学生提供了一个贴近实际的学习场景。

（2）时效性与共鸣感

2022 年北京冬奥会恰逢中国新年，大多数学生都全程观看了这场体育盛事，从中获得了深刻的感受和思考。看到志愿者们展现出的阳光、积极、忙碌和奉献的精神风貌，许多学生表达了想要参与其中的愿望。正是这种交际场景的真实感以及学生对冬奥会的热切期待，激发了他们认真且积极地投入准备工作中。

驱动环节设计了一项富有挑战性的任务，以激发学生的学习兴趣。首先，通过播放冬奥会的宣传视频“*You Are the Miracle*”，引导学生将视频中的英文歌曲翻译成相应的中文，并尝试演唱。这一过程不仅让学生在轻松愉快的氛围中掌握语言知识，还能深刻体验到汉语的独特魅力。接下来，要求学生用视频中出现的七种不同国家的语言说出“北京欢迎你”，以此来感受各种语言的特色和文化差异，促进他们跨文化交流意识的提升。此外，对中国语言的发展进行探讨，旨在帮助学生增强多语言意识，同时增强学生的文化自信和民族自豪感。通过回答相关问题，学生能够认识到自己的不足之处，从而产生对知识的渴望和解决问题的迫切愿望。

2. 任务促成

在促成环节中，教师引导学生专注于实现既定目标。这一环节要求教师为学生提供恰当的指导，以确保其能够沿着正确的方向进行学习和探索，同时要避免过度干预。为此，此环节中的整体任务又细分为三个子任务，并针对每个子任务进行逐步引导，帮助学生完成任务，以提升他们的技能。

（1）子任务 1：探索方言多样性

在这个子任务中，学生将以小组为单位，主动在线上搜寻关于方言的各类资料，着手学习三种不同的方言，并深入地探讨中国方言之所以具有多样性的深层原因。小组内的成员需要认真整理搜集到的资料，仔细地进行鉴别和分析，通过这一系列的实践活动，有效地唤醒学生的跨文化意识。同时，教师会精心挑选相关视频资料，并逐一分配给各个小组，明确具体的学习任务。在充满活力的课堂上，学生需要充分展示所学方言的独特魅力，并探索如何有效地克服因文化差异而产生的沟通障碍。

（2）子任务 2：家庭儿童语言学习现状调研

这一子任务要求学生全面且深入地探究中国家庭儿童的语言学习状况。着重关注在家庭语言使用的过程中，对方言、普通话以及外语学习的态度，仔细分析形成当前各种家庭语言规划状况的原因。学生以小组为单位，积极地在线上搜寻相关资料并翻译。在课堂上，教师可采用线上、线下相结合的方式和学生共同对翻译稿展开深入探讨，随后对其进行修改和完善，从而进一步强化学生对字词句的运用能力，有效提升他们的语言读写技能。

（3）子任务 3：培养多语意识

在这项子任务中，学生需要借助思维导图这一工具，全面且条理清晰地展示并总结课文的主要知识要点。通过这样的方式，能够促使他们更加深入地了解不同语言间存在差异的具体原因，进而帮助学生培养多语意识。同时，学生要以任务展示以及课堂表演的形式，进一步强化对课文中词语、句子和段落的多层次理解与实际运用能力，从而有效培养自身的听说语言技能。

3. 多元评价

评价在促进教学和学习方面发挥着至关重要的作用。教师可以通过评价获取对教学效果的全面认识，而学生则能借此了解自身的不足。本课程融合了及时评价与延迟评价，采用了小组评价、学生间互评，以及教师和学生共同参与的评价方式，并制定了详尽完备的评价准则。

每当学生完成一项任务，他们会在线上各自展示其成果，并在网络平台的留言区域进行自我评价、同学互评和小组评价。这一过程有助于学生及时发现并解决问题。在面对面的课堂教学中，教师会根据线上收集到的反馈进行归纳总结，并有针对性地给予学生帮助。

二、非师范专业

（一）商务英语

这里以商务函电专项研习为例子来讲述。

教学目的和教学要求：通过函电实训见习，学生可以真正接触企业信函的写作规范与技巧，从而提高写作能力。

这里选取“询盘—复盘”这一主题，以淘宝阿里旺旺为交际背景，以询复盘为教学线索。此设计主要考虑“淘宝阿里旺旺”是大学生较为熟悉且常用的一种与卖方沟通交流的方式，同时契合商务英语专业对商务知识的教学要求。

任务以情景表演的形式呈现：教师创设对某产品有购买需求的情境，以小组为单位组成买卖双方。双方就这一产品的价格、质量、数量、发货日期、到货日期、违约责任界定等一系列问题进行询复盘。

要完成这一任务，学生必须对询复盘的定义、流程及询复盘信函的写作原则、特定的表达习惯有一定的了解，还要了解如何用英语进行询盘和复盘。因此，这里将任务分成了三个子任务，以便于学生更加清晰地一步步完成。

具体的见习、研习实践过程如下：

1. 驱动

淘宝购物已成为当代大学生主要的消费手段之一，将这一学生极为熟悉的平台作为教学出发点，能够有效激发他们的学习动力，这是 POA 教学法的初步实施。接下来，教师可以通过分享几个真实的案例，使学生对跨文化商务交流的重要性有更加深刻的认识。在课堂最后，教师可以布置一项任务，即模拟外国顾客在淘宝平台上的购物体验，包括买卖双方的在线咨询与回复。通过这一任务，学生能够察觉到自身的不足，从而进一步提高他们对后续学习的积极性和主动性。

2. 促成

在这一环节中，教师需充分扮演好桥梁的角色，引导学生挑选合适的输入资料，以便顺利完成既定的任务。

（1）子任务 1：掌握询盘与复盘的意义

这项任务标志着输入促成阶段的开始，借助教师所提供的真实案例以及学生之间的深入讨论与交流等，让学生初步了解询盘和复盘的概念，为后续任务的顺利完成奠定基础。当教师向学生展示真实案例之后，可以引领学生展开探讨并归纳总结询盘与复盘的特性以及具体流程。

（2）子任务 2：掌握询价函与回复函的写作原则

这一子任务的目的，是通过挑选适宜的输入资料来完成在线询复盘。对学生而言，这无疑是极具挑战性的一环，他们需要审慎地筛选输入材料，并掌握询价函和回复函的写作原则，从而完成输出任务。在此过程中，教师可以向学生展示行业内公认的优秀询价函和回复函范例，并引导他们进行学习和借鉴。

（3）子任务 3：熟练运用特定表达方式

经过前两个任务的学习，学生对询盘与复盘、询价函及回复函已具备初步认知。接下来，如何准确运用英语来表达自身想法成为这一任务的关键。教师可引导学生从经典范例中提炼常用话语表达，随后指导他们进行模仿并创新，从而完成询价函与回复函的撰写，并在模拟询复盘的情境演绎中加以展示。

3. 评价

在这一环节，学生完成情景表演后，教师对其表现给予评价，以此掌握整体教学成效，同时让学生对自身的学习成果有清楚的认知，进而帮助学生更好地查缺补漏。在此环节中，学生都做了充分的准备，其他学生则依据提前与教师共同制定的评分准则，为表演的同学进行打分。

总的来说，POA 注重学习与应用的紧密结合，“驱动—促成—评价”这一创新模式使英语课堂朝气蓬勃，充满活力。上述实践是对 POA 理论应用的初步探索，建立了商务英语专业基于 POA 理论的教学框架，进一步证实了 POA 在学习和应用上的平衡，并取得了较为良好的教学成效。

（二）日语

外语教育与国际商务学院日语专业《专业研习、专业见习》课程基本信息，如表 3-3-1 所示。

表 3-3-1　课程基本信息

课程名称	专业研习、专业见习
课程类别	专业实践
课程代码	1040200001/1040200002
修读形式	必修
学分	3.5
学时	7 周
开设学期	第二至五学期
先修课程	基础日语、日语听力、日语口语、日语语音

专业实践是重要的实践教学环节之一，是理论与实践相结合的重要形式。其目的与任务是通过一系列的专业实践活动，培养学生掌握正确的日语语音语调和日语的听、说、读、写、译等语言的综合运用能力，加深理解并巩固所学专业知识，加深对日本社会和企业的了解，进一步提高学生认识问题、分析问题、解决问题的能力，为今后走向社会打下良好的专业基础。

具体课程目标要求学生能够做到：

第一，语音语调正确，能比较流利自如地阐述问题或表达自己的见解，能恰当得体地运用日语进行交流。

第二，听懂标准语速的日文新闻广播、演讲及谈话等。

第三，读懂一般性的日语读物，并能分析、归纳文章或作品的主要观点、主要内容、结构等。

第四，掌握各种文体的基本写作方法，能根据需要写作观点明确、内容充实且具有一定思想深度的文章，表达自然，无明显语法错误，文体得当。

第五，掌握翻译理论和技巧，能担任外事、政治、经济、商务、文化交流等活动的翻译工作。

第六，具备一定的企业认知能力，了解企业文化和企业用人需求，掌握一定的企业就职能力。

课程教学内容学时分配表，如表 3-3-2 所示。

表 3-3-2　课程教学内容学时分配表

专业实践内容 / 项目	学期	周数	实践地点（校内、校外）	学分
日语语音、朗读专题研习	第二学期	2	校内	1
日语听解、阅读专题研习	第三学期	1	校内	0.5
企业见习	第四学期	2	校外	1
日语翻译实践、教学实践	第五学期	2	校内 / 校外	1
合计		7		3.5

下面以日语听解、阅读专题研习中的听力课程为例，将 POA 理念融入其中之后所进行的实践教学：

1. 驱动（motivating）阶段

产出导向法（POA）对学生的语言输出能力极为重视，它要求教师设计出能够使学生处于“饥饿状态”的任务目标，从而为学生搭建一个引导性的驱动流程。这一驱动流程通常包含三个关键环节：第一，教师提出交际情境；第二，学生尝试产出；第三，教师阐释教学目标及产出任务。到了第三学期，此时学生已经掌握了一定的日语基础知识，因此可以接触一些主题广泛且实用价值高的听力材料。这些材料既能满足学生的听力练习需求，又具备足够的挑战性。因此，将其作为 POA 驱动阶段的教学目标产出任务是非常合适的。

2. 促成（enabling）阶段

学生在接收到本节课所要完成的任务，即掌握了课文标题所揭示的主题，并且已经进行了尝试性的产出之后，他们必然会开始思考自己所需补充的内容（ideas）、语言形式（language）以及用以表达内容的话语结构（discourse structure）。因此，他们自然能够集中精神，认真聆听听力材料，并从中获得自己所需的信息。

在促成阶段，教师需要及时检验学生对知识的理解程度，听力课程在这方面表现得尤为出色，这也是本课程的一大特色。教师在播放听力材料 1～3 遍后，可利用在线课程功能或听力课程软件来核查学生的答案，统计其正确率，收集学生关于此次课程内容的意见，并以此为依据，对下一次教学进行调整及优化。

在本阶段，还可在整体任务的基础上拓展若干子任务。

子任务 1：学生要对听力材料（输入）进行简短的复述（输出）。教师以学生的复述表现为依据来对其学习成效进行评估。

子任务 2：复述完成后，学生要依据听力材料（输入）展开段落式的回忆性复述（输出）。此任务可以小组形式展开，教师即时抽检，或让学生将复述内容发布至在线课程平台的讨论区以便于课后进行审查。

子任务 3：学生要对教师给出的日剧中人物角色的短视频（输入）加以剖析，随后结合个人情况展开模仿（输出）。在模仿过程中，学生可依据教师提供的描述人物性格的日语词汇及相关语法（输入）来组织语言（输出）。在观看范文或视频时，教师应协助学生深入剖析材料，生动讲解案例中的内容、语言形式及话语结构，并指出需注意的事项。

3. 评价（assessing）阶段

POA 的评价包括两种，分为即时评价和延时评价。其中，即时评价主要表现在听力课程中的促成阶段，是由全体师生共同参与的。通过这一评价方式，学生能够直观地了解自己以及同学的学习情况。因此，教师应在课程临近结束时让学生针对自身的本堂课表现进行自我评价，并将其记录在学习档案里。之后，教师还要对本课主题所需的语言表达形式和话语结构进行再次强调。而延时评价指的是学生在教师的指示下完成课外练习，之后将其成果递交给教师的评价方式。因此，这一评价方式通常在下一节课开始之前完成，评价内容主要是学生的复习性产出以及迁移性产出。

教师可将促成阶段的子任务 2 视为学生的复习性产出，迁移性产出是指子任务 3。一般情况下，评价由教师在在线课程软件上完成，也可在下一次上课前来完成。此外，可以通过学生互评、随后教师总评的方式来完成评价。在本学期即将结束之际，教师根据学生自评的学习档案，通过抽查的方式来评价学生对本学期各教学内容的掌握程度。

第四节 高校外语 POA 教育理念的反思与展望

一、高校外语 POA 教育理念的反思

针对目前高校外语的 POA 教育理念的研究，大家普遍除了思考 POA 理论与实践本身的问题，反思得最多的是我国应用语言学理论该如何发展。下面的反思涉及三个方面：研究者的社会责任、大科学工程思维、外语教育理论的百花齐放。

（一）研究者的社会责任

我国的研究者要在理论与实践的互动中打磨 POA，使其为提高中国外语教育质量发挥应有的作用。同时，力争让中国外语教育理论能够在国际学界占有一席之地。

（二）大科学工程思维

任何研究都不应是孤军奋战，都需要别人的帮助，在进行高校外语 POA 教育理念的研究的时候，我们需要构建一个理论研究者和一线教师紧密合作的大团队。2018 年，国务院印发了《积极牵头组织国际大科学计划和大科学工程方案》（以下简称《方案》）。《方案》的发布，表明了我国为解决世界性大科学难题，贡献中国智慧、提出中国方案、发出中国声音、提供全球公共产品，为世界文明发展作出积极贡献的良好愿望。这是跨国合作的大战略，用于解决世界级难题，如气候变化、卫生健康等。

（三）外语教育理论的百花齐放

外语教育理论多种多样，每种理论都有其自身的优势和不足。我们不能狭隘地认为 POA 能替代其他外语教育理论。一花独放不是春，百花齐放春满园。POA 只是教学工具箱里的一种工具。不同的工具可用于解决不同问题。以下两种倾向都是错误的：第一种是过分夸大 POA 的作用，认为 POA 是一把万能钥匙，什么问题都能解决；第二种是乱贴标签、“赶时髦”。

作为教师，我们必须清楚，任何一种理论都不能解决教学中的所有问题。外语教师可以把 POA 和其他教学理论混合使用，采用不同理论解决不同问题。但在使用任何一种理论前，都需要深入理解其原则和流程。与此同时，我们对每种理论都要有质疑精神，要有创新思维，最终走出自己的路。

二、高校外语 POA 教育理念的展望

目前，POA 还有很多不完善的地方，许多问题有待解决，值得进一步研究。

（一）拓展 POA 应用

在初建 POA 理论体系时，POA 研究团队针对的教学对象是具有中等外语水平的大学生，目标课程是通用英语。在 POA 理论发展过程中，部分学者将其应用于对外汉语教学和非英语语种教学。目前，仅有少数教师将其应用于高中英语教学，但相关研究论文发表寥寥无几。基于现有研究，POA 的应用范围可从两方面拓展：第一是教学对象，第二是课程类型。

1. 不同水平的外语学习者

POA 倡导的教学理念（“学用一体说”“学习中心说”“文化交流说”“关键能力说”）、教学假设（“输出驱动”“输入促成”“选择学习”“以评为学”）和教学流程（驱动—促成—评价）适用于在校接受正规教育的各类不同水平的外语学习者，但针对不同水平学习者的课堂教学实施环节存在差异。

如果采用 POA 教学，针对初学者，教师可用中文介绍交际场景。例如，教师可以先问全班同学，“如果遇到一位外国朋友，想介绍自己，该说什么啊？”学生可能会给出各种答案，如名字、年龄、爱好、父母的职业等。这时，教师再接着问，“你们觉得英语自我介绍的内容与汉语自我介绍相同吗？”学生的答案

很可能不一致。这时，教师可以接着说："我现在不告诉大家谁的答案对，通过今天的学习，大家就能自己找到正确答案。"这就是 POA 的驱动环节，以激发学生学习的积极性。

口头的英文自我介绍在生活中很常见。例如，在中外学生晚餐会或者学术会议期间通常需要自我介绍，介绍的内容比较简单，至多包括名字、来自何处、自己的研究爱好等，一般不需要年龄、父母职业等信息。尤其年龄，这是隐私，自己不用说，也不应询问对方。

书面的英文自我介绍也很常见。英语教师可以对学生说："设想我要帮大家和英国小学生结为笔友。你和对方没有见过面，需要做自我介绍，你在介绍中该说什么呢？"在这样的场景下，可以借鉴关于自我介绍的书面文章的内容。

2. 不同类型的课程

外语专业课程可分为技能课（skill-based courses）和知识课（content-based courses），大学 / 公共外语课程可分为通用英语课和专门用途英语课。通用英语课也包括技能课和知识课两类。POA 团队中研究得比较多的是通用英语课。未来，我们可以将 POA 应用到更多课型中。从逻辑上说，POA 的教学理念基本上适用于所有外语课程。例如，《语言学概论》《文学导论》等课程也可以采用"输出驱动假设"，只不过产出活动可能不是语言产出活动，而是问题驱动的产出活动。事实上，每门专业课程都有严密的学科体系。随着学科的发展，体系内容会越来越庞大，而课程教学时间有限。如果按照学科知识体系结构来安排教学内容，一定会出现内容多、时间紧的问题。如果教师一味赶进度，学生就会感到信息过载，教学效果很难令人满意。如果采用 POA 教学，将学科知识体系中的关键问题进行梳理，以解决问题为出发点，教师提供精准输入，帮助学生解决问题，最后对学生提出的问题解决方案给予评价，那么，教学效率更高、效果更好。

（二）精细打磨 POA

经过多轮"理论—实践—诠释"的循环研究，POA 理论一直在不断改进和完善，但仍有很多方面需要继续研究，往细处走、深处走，使其具有更强的操作性和灵活性。下面针对驱动、促成和评价三个环节中需要深入研究的部分问题进行简单介绍：

1. 驱动场景多样性问题

目前，POA 区分了直接驱动和间接驱动，简单驱动和复杂驱动，还说明了驱动场景设计应注意的问题。但具体到每项产出活动，如何设计多样化的交际场景，就有了一定的挑战性。例如，《新一代大学英语（发展篇）综合教程》第二册第一单元“哲学与思想”教师用书中提供了四个要素完整的场景，确实能够引起学生对苏格拉底和孔子的生平及思想的兴趣，激发他们学习新知识、新语言的欲望。不过，前三个场景中说者和听者的身份都是中国大学生和外国朋友，场合都是非正式性的。其他单元的场景设计也存在类似“身份和场合单一”的情况。如果场景设计缺乏多样化的身份和场合，则不易于帮助学生使用不同语体。我们发现了这个问题，但目前还未找到很好的解决方法。这个问题值得深入探究。

2. 促成活动设计问题

在 POA 教学中，我们目前能做到的是将大产出活动分解为系列子活动，然后对应子活动设计以输入为基础的系列促成活动，逐步将接受性知识转化为产出性知识。我们对促成活动设计原则和过程已有基本了解，但在操作层面，我们尚未对《新一代大学英语（发展篇）》两册书共 16 个单元的促成活动逐一精细打磨，也未设计出令人满意的系列促成活动。从这个意义上说，我们的实践经验还不够丰富。未来，将会有更多教师参与研究，设计出多种案例来演示促成活动设计的操作过程，这样能更形象、更生动地展现促成活动的本质属性。

除了整体的实践经验不够丰富，“促成”环节还有三个具体问题在实践层面未得到很好解决。第一个问题是如何落实“协同性”。在促成过程中，教师和学生要在每项活动中协同前行。第二个问题是在促成过程中如何落实“形式—意义”一体化。根据认知语言学理论，语言学习要以“形式—意义”为一体的构式为基本单位。POA 赞同这一原则，但还未探索出有效的实施途径。第三个问题是如何使促成活动形式丰富多样。“多样性”是衡量 POA 促成活动有效性的标准之一，如果缺少多样性，多个单元的教学就会显得刻板、单一，不易引起学生的兴趣。而目前 POA 团队实践案例有限，还难以显示多样性在操作层面的样态。

3. 评价活动设计问题

在师生合作评价过程中，针对书面产出活动已经有学者详解了师生合作评价的原则和步骤，但是书面产出活动多种多样，而目前人们涉及的活动类型有限。如何针对不同类型的书面产品确定不同的评价重点，以及如何使分散在不同评价时段中的重点形成合理体系？如何针对师生合作评价中发现的教学薄弱环节进行有效的补救教学？如何在师生合作评价中充分调动学生的积极性？此外，产出活动包括书面产品和口头产品。显然，与书面产品不同，口头产品包括单人演讲、对话、小组讨论等。如何针对不同的口头产品开展师生合作评价？这些问题均值得进一步开展研究。

（三）弥补 POA 薄弱环节

POA 始于“产出”，终于“产出”，强调输入要为产出服务。POA 的主张符合中国外语教学实际，但在教学实践中还存在明显的薄弱环节，需要通过进一步研究来弥补。

1. 互动能力和创新能力培养问题

2017 年 5 月，第一届“创新外语教育在中国”学术论坛在北京召开。在对话研讨环节，有一个问题值得人们思考。即 POA 如何培养学生的互动能力（interactive competence）？这个问题是针对 POA 团队在研讨会上展示的产出活动类型缺乏对话或讨论提出的，很有针对性，直指 POA 的薄弱环节。互动能力确实是交际能力的重要组成部分。我们用英语进行交流时，既需要有连贯表达话语的能力，又需要掌握倾听、协商、澄清、转换话题、插话等会话策略。目前，POA 团队中还未有人就如何培养互动能力进行专题研究。

在后续学术会议上，也有学者提出，POA 促成环节强调教师的主导作用与促成的精准性和渐进性，其优势在于能够提高产出目标的达成性，但不足之处在于限制了学生的创造性。确实如此，促成的精准性、渐进性与培养学生的创造性存在矛盾。过分强调教师主导教学目标的达成性，会挤压创造性的空间。如何平衡这两者的关系是 POA 需要攻克的另一个难题。

2. 英语信息深度加工问题

POA 特别强调产出（说、写、译）能力的培养。同时，POA 提出“选择学习假设”，要求学生对课文进行选择学习，而非对课文每句话都进行精加工。但这不表明外语教学不需要培养学生深度加工信息的能力。如果学生不具有深度加工信息能力，就不能提高产出质量的精准度。在有限课堂教学时间内，既要对相关输入进行精加工，又要使输出达到高标准，似乎难以同时实现。英语专业的情况与大学英语不同，课时比较充分。我们在这两种不同的英语教学中究竟该如何应用 POA？怎样才能做到既加强信息加工的深度和精准度，又提高产出的有效性？这是一个非常值得研究的问题。

第四章　高校外语语言实验教学理念及其实践教学

本章主要介绍高校外语语言实验教学理念及其实践教学，从四个方面展开叙述，分别是高校外语语言实验教学概述、国内高校语言实验室现状、高校外语语言实验课型与教学设计，以及高校外语语言实验教学理念的展望。

第一节　高校外语语言实验教学概述

一、外语语言实验教学理念

实验教学源于理工科实践性教学的一种组织形式，按照一定的教学目标、教学计划、实验步骤，由学生独立自主地借助实验设备，在教师指导下进行操作、观测、分析，达到获得知识的目的，实验教学通过实践、独立思考、主动探究等方式培养学生的科学实践能力。这种形式不仅能使学生获得知识，而且是科学素质养成的重要途径。

“语言实验”是指学生按照教学目标，在教师设定的语言情境中，通过规划的方法与步骤，以目标语完成一种语言学习与实践任务的学习行为。实验过程注重学生独立自主、反复训练，获得对语言的综合理解与运用，通常借助信息技术来创设语言情境，协助学生完成语言训练和语言实验报告。

语言学习是一门实践性非常强的学科，实践性成为实验教学与语言课程的共同点，实践是语言实验的本质属性，语言教学的目标在于能实际运用，实现目标的途径在于实践。将语言活动以实验的形式进行设计、开展，实现语言活动的系统性、科学性，学习成果的可视性和累积性，实验成果评价的多元性。语言实验教学可以很好地实现语言课程的目标，其教学方式符合语言课程的特征。

传统语言实验室对听说课、视听课、泛读精读课、写作翻译课等外语教学起到非常重要的支撑作用，特别是 2003 年以听说为主的大学英语教学改革以来，数字网络语言实验室建设在外语教学中发挥了重大作用。

《大学英语教学指南》指出“大学英语教学应贯彻分类指导、因材施教的原则，依据三级教学目标和教学要求，结合学校、院系和学生的实际情况，确定具有本校特色的教学目标和教学要求，以适应个性化教学的实际需要”[①]。

外语实验教学实际上是一个极具实践性的训练过程，其作为促进学生个性化

① 教育部高等学校高校外语教学指导委员会 . 大学英语教学指南 [M]. 北京：高等教育出版社，2020.

及有效学习的关键策略，能够帮助学生形成严谨的科学态度与工作作风，同时能够促进学生研究能力、创新能力、自主学习能力和外语综合运用能力的提高。随着系列化实验教材的出版和大学英语实验与评估平台的上线，语言实验教学体系被完整地建立起来，形成了“教—学—练—创—考—评”为一体的“互联网＋语言实验教学”新模式。

在一个中心的指导下，实现两个贯通、三个结合，通过四个面向，完成五个掌握，实现六个转变，搭建多个平台，解决外语教学中的重语言输入、轻语言输出，重课堂面授、轻自主学习，重知识传授、轻能力培养，重终结性评估、轻形成性评价等突出问题，最终实现学生能力培养的提升。

一个中心：以培养学生语言综合应用能力为中心，以语言知识与综合应用能力、学习策略和跨文化交际为主要内容，以外语教学理论为指导，并集多种实验教学模式和教学手段于一体。

两个贯通：将学生语言综合应用能力在实践教学中上下贯通，将语言实验课程与教学改革上下贯通。即以培养学生的实践能力和创新能力为主干，横向上把语言基础能力、语言应用能力和自主学习、创新实践在教学中上下贯通；纵向上将外语实验课程、基础理论课程与外语教学改革的理念、教学模式、教学方法上下贯通。

三个结合：课堂教学与网络自主学习相结合、语言教学理论与教学改革实践相结合、语言课程建设与教学改革相结合。

四个面向：面向全校本科通用人才、面向全校本科外语专业人才、面向全校研究生通用人才、面向全校研究生外语专业人才。

五个掌握：掌握三种语言、掌握三种理论、掌握三种媒体、掌握三种技术、掌握三种方法。其中，三种语言指中国语言与文化、外国语言与文化、计算机语言与文化；三种理论指教育理论、语言习得理论、跨文化交际理论；三种媒体指小媒介（投影、声音、视频等）、大媒介（网络教学系统）、综合媒介（计算机技术、通信技术结合构成的信息网络）；三种技术指信息采集技术、媒体编辑技术、信息维护技术；三种方法指教学方法、科研方法、创新方法。

六个转变：变“知识传授”为“能力培养”、变“被动接受”为“主动探究”、变“单科实验”为“多科整合”、变“教材学习”为“资源共享”、变“教师包办”

为“学生自主”、变“传统模式”为“策略学习”。

多个平台：大学英语实验与评估平台、外语网络教学平台、外语资源服务平台、远程交互学习平台、机器翻译智能平台等。

二、外语语言实验教学的原则

（一）教师引导、学生自主的原则

教师是实验教学活动的设计者，在教学实验项目中指导和监督学生，而学生作为学习的主体在教师的指导下掌握知识点，学会如何协作查阅资料，并充分发挥语言实验室和网络的功能。学生自主确定方案，运用已有的语言知识技能进行实践活动，并及时总结经验，撰写实验报告。整个实验教学过程调动了学生的学习兴趣，激发了学生独立发现和解决问题的积极性，有益于学生自主学习能力和自我管理能力的提高。教师的引导作用在于：教师是实验项目的设计者，在语言实验过程中指导学生选择适合的实验，讲解实验中的知识点，解答学生在实验中的问题，以及对实验报告的评价和课堂讲评，从而保证实验项目的完成质量。

（二）一体化、层次化原则

实验教学作为把教学和学习从课堂之中延伸到课堂之外的拓展，形成了独立的教学体系，在自成体系的同时兼顾与理论教学相互渗透、相互兼容，使理论教学得到有效的扩展和延续。根据理论课程合理安排实验，能使课堂理论教学与课下实验有机融合，实现实验教学过程的科学性。

（三）语言基础与综合能力培养并重原则

语言基础型和技能技巧型实验设计非常重要，教学中要夯实学生听、说、读、写、译的基本功。学生语言基础知识的训练注重在课堂上利用数字网络语言实验室进行语言基本功的训练和强化；在语言技能训练中着重培养学生对语言点的逐层领会、逐层复用、逐层活用，以加深语言运用的技能技巧；综合能力的培养则是着力于多项语言技能培养的自然融合和贯通，实验项目的设计着眼于专题式的自主探究性学习，培养学生自主学习、自主评价的能力，重点在于学生个性的发展需求，既包括语言综合能力，也包括合作精神、心理素质、创新能力与创新精神的培养。

（四）多元化评价的原则

学生自评通过与优秀实验案例的对比，帮助学生更加清楚自身水平，了解评价标准；学生互评能够让学生相互了解、相互学习，可以明不足、找方向，相互促进；教师评价是学生最为看重的，对实验项目的监督和评价可以起到激励作用。评价体系由教师、学生、教务处以及用人单位等多方共同构成，以此形成了多元化的评价主体。除此之外，评价方式同样多元化，其融合了定性评价与定量评价、自我评价与他人评价、形成性评价与终结性评价。这些评价方式在教学中可具体展现为多种形式，如课堂评测记录、学生自我评价报告等。另外，关于评价内容，主要涵盖了知识与能力、学习内容与学业评价等层面的评价，具体而言，主要包括实验项目中涉及的语言知识、语言技能、文化意识、学习策略和情感态度等。

（五）思辨能力与研究能力培养相结合的原则

思辨能力，即思考和辨析，通过现象看本质，从分析信息入手，通过推理判断形成决策或结论的能力。而研究能力是整理、分析、总结、理解、创新的能力，以及对某事物或者现象提出探究问题，获取数据信息，进行思考总结，辩证地提出创新性结论的能力。思辨能力不仅为研究能力的形成奠定了基础，更是开展研究时必备的一个能力。与此同时，从研究能力的角度来看，其不仅能对思辨能力的提升产生积极作用，而且能够使思辨更加严谨、视角更加敏锐、评价更加客观。由此看来，这两种能力是相互促进的。因此，在设计实验项目的过程中，要同时注重这两种能力的培养。另外，在研究过程中，学生要始终保持严谨的态度，并严格按照研究要求进行操作，以便形成缜密的思辨习惯。

第二节　国内高校语言实验室现状

语言实验教学法的实施环境是语言实验室，并且在实施过程中应当充分综合运用现代信息化技术，包括计算机技术、网络技术等。语言实验室一般是指借助现代信息化的教育技术实施外语教学的专业化教室，它主要是集中为外语教学提供现代信息化技术支持，便于在教学过程中有效地使用这些技术及其资源，从而达到优化教学过程的目的。语言实验室先于语言实验教学法而存在，它是现代化的语言实验室发展到一定阶段形成的一种教学思想和手段。

随着需求的增长、市场的拓展与完善、技术的飞速发展以及厂商间的激烈竞争，我国的语言实验室设备正逐步迈向系列化与高科技化的新阶段。高校教学改革的深入推进，使当下高校语言实验室的发展呈现出以下四个显著特征：第一，我国语言实验室设备发展迅速，设备数量持续增加。第二，设备高科技化。现代多媒体语言实验室设备融入了高度先进的科技元素，具备全数字化语音传输、多样化音频实时广播、可视化音频点播、硬盘数字录音以及卓越的系统可靠性等多项优势，为语言教学创造了优厚的教学条件。第三，设备系统计算机化。设备系统的主控台完全由计算机操控。在使用方面，其人机交互界面直观友好，操作更为便捷流畅。同时，设备系统不仅接入了 Internet 网络，还配备视频展示仪、录像机、打印机等先进的电教设备，极大地提升了处理文字、图像、动画及音视频等多媒体信息的能力。此外，设备系统的计算机化打破了原有的单一语言学习模式，使语言学习模式更加丰富多样，构建了一个融合“视、教、图、文、声、像”的多功能学习平台。第四，设备功能日益多样化。多媒体语言实验室不仅具备普通语言实验室的音频播放、实物投影、小组讨论、录音等基本功能，还增加了速度控制、学生自主学习点播以及考试应答分析录音等多种实用性的功能。这些功能的增添为教师开展各项教学活动提供了强有力的硬件支持。

通过上述在语言实验室环境中进行的听说课、精读课、翻译课、写作课等外语教学可以看出，语言实验室为外语教学提供了专业的信息化技术的支持，有利于提高外语教学效率。语言实验室教学的优势主要体现在以下几个方面：

一、专业化、集中化信息技术对外语教学的支持

现代语言实验室已逐步从以硬件为主导单一功能构成，转变成以计算机软件为主导的具有丰富功能的集群服务体系。这样的转变更有利于提高外语教学的效率，优化组合教学资源，为外语教学提供专业化、集中化的信息技术支持。

二、为课堂互动提供有效的信息技术支持

语言实验室提供功能丰富的语音通话功能的支持：首先，教师可以对学生进行任意分组，学生可以使用该功能实现充分的组内语音通话互动；其次，语言实验室具有学生提问和师生示范练习功能，教师可以通过这种师生交流和示范性师生互动，完成教师与学生间的有效互动；最后，语言实验室具有单独通话功能，学生可以单独和另一名学生进行通话练习来实现学生间的互动。

三、提供体系化的多媒体展示系统

实验室提供了体系化的终端显示系统：教师显示终端、学生显示终端、投影设备显示幕布等，这些终端显示系统通过网络连接构成体系化的多媒体展示系统。教师和学生可以很方便地使用这个显示系统，将音频、视频、图文动画等电子文档展示给其他教学参与者。

四、提供开放、共享的外语教学资源

语言实验室提供了开放的外语教学资源共享平台，教师和学生可以方便地访问这些资源并对其进行丰富，这样极大地方便了语言实验室教学的开展。

早在 20 世纪 80 年代，语言实验室教学就作为一种外语教学形式发展起来了，这是在以硬件模拟电子教学设备为基础的电化教学技术上，发展起来的一种外语教学形式。现代语言实验室为外语教学提供了专业化的信息技术支持，使语言实验室教学具有丰富的课堂互动，并极大地提高了外语教学的效率。

第三节　高校外语语言实验课型与教学设计

一、外语语言实验课型及其教学

（一）语音课

一般认为，发音的语音语调能直接体现其英语口语水平。在演讲时，发音标

准的语音语调能有效增加演讲的感染力，能更直观地表现演讲者的情感。

1. 外语教学语音教学的重要性和必要性

作为世界上普遍交际使用的语言——英语，“听、说、读、写”是其学习者应该具备的四大基本功。由于语言最初就是口头发声交流，因此“听”和“说”在英语学习中占据了重要部分。

“听、说”能力首先表现为能听懂并正确理解说话人要表达的思想和意思，以及能用语言正确表达自己的观点。然而，如果要能听懂并正确理解，必须能听清语音，同时要用语言表达自己的观点，传递情感也得有准确的发音。

从发音角度上看，发音的基本元素是音素，通过音素组成音节，由音节构成语言词语片段，最后将这些语音片段连接起来就完成了“说话”的过程。从“听”的角度上看也是一样的，即发音的逆过程，耳朵将听到的声音传递给大脑，然后由大脑将这些声音处理、识别、反应，从而完成了一次“听”的过程。不管从“发音”的角度，还是从“听”的角度看，构成音节的最小单位“音素”以及语音片段都发挥了重要的作用，因此，这是能否听懂说话人的话以及能否准确表达自己意思的关键。

所以，语音的学习和训练在整个外语学习过程中占据着重要的基础地位，具体到课堂教学中，语音课应该被重视。有的英语学习者从小学、中学再到大学，学习了多年英语，仍不会与以英语为母语的人用正常的语速顺利用英语交流。导致这一困境的原因有很多，比如缺乏母语学习环境、受到方言发音影响等，但是其根本原因是在英语的学习过程中没有将对语音的学习和训练放在突出的重要位置，不能对音素和语音片段进行熟练准确把握，从而失去了“听说”的重要基础。

2001 年，王初明就在外语学习与学习者的心理情感的关系上就强调了外语发音学习的重要性，指出语言能力是一种心理器官，口语是它的外化形式，发音的好坏体现外化形式的美和丑开口练习，自我形象问题尤其突出。从心理学上讲，如果在课堂学习中面对老师和同学“暴露”自己发音不好的问题，他会觉得有损自己的形象，从而陷入语言表达的恐惧，便会采取躲避、沉默来进行抗拒阻止语言输出，这种心理障碍会严重减弱学习者对外语学习的热情，产生排斥心理。

不管是从语言学习活动本身，还是从语言和学习者的心理感情之间的关系来看，学习者对语音的学习和训练在学习活动过程中都是非常重要的环节。由此可知，语言教学活动中合理设置语音课是非常必要的，并且语音课还必须被放到教学的重要位置以突出其基础地位。

2. 语言实验室环境下语音课教学

语音课的目的是通过教师教授和有针对性地训练让学生掌握语音发音技巧和准确识别声音技巧的能力，从而为后续的语言学习和认知打下坚实的基础。在语言实验室环境下，语音课教学可以分为课前教学准备、课堂实验教学。

（1）课前教学准备

在外语学习中有个误区就是认为单词是最重要的，大量记住单词就能学好外语，殊不知背单词不单是记住词义，单词的发音同样是至关重要的，因为如果单词只能看懂而听不懂是很“致命”的，听不懂就意味着无法理解，也不能表达，即不会运用。单词在语流中的发音与词典里标的音标不完全一样，人们在进行思想交流时是以短语、整句的形式进行表达的，几乎不会只用单独的因素或者单词来进行思想交流。另外，在人与人的交流过程中，要表达话语的含义、传达情感和情绪或者“言外之意”时，往往会使用语音、语调来控制语言，因此，在课前准备过程中，教师会准备音素学习、各种语音片段以及语调变化规则，并将准备好的资料上传到软件平台，学生通过访问软件平台获得预习资料，进行课前预习。

（2）课堂实验教学

语音课的教学是让学生掌握正确的发音方法，这就要做音素训练，体会正确发音的口型以及发音时唇、舌、软腭、声带等发音器官所处的位置和发音动作，包括肌肉紧张程度、口腔开合度和发音长度的控制等。正确的发音必须经过长期、大量的训练才能很好地掌握，因此大量语音的输入是必不可少的，只有多听、多练、多模仿才能起到良好的效果。经过系统训练后，让学生能熟悉各种音素组合在语流中的各种变化，使学生只要一听到相关的音素就能迅速与自己的发音相匹配，达到能迅速、清晰地辨别各种发音的水平。

语音课也应当着重讲授变化，让学生正确判断各语音片段。因为，音素和单词在孤立与静止的状态下是一种发音，在语流中往往又是另一种发音，音素在语流中是变化存在的。学生虽然掌握了音素和单词的发音方法，但是在交际中表现出来的是完整的语句，而不会是简单的因素或者单词的叠加，这样学生同样不能顺利听懂。另外，日常交流用语因素和单词之间是相互影响的，如在完整的一段表述中某些音发生了变化，也有些音经过合成而改变，有些音甚至消失了。

教师在课堂上将音素发音规则、语音片段、语调规则，以及其他语音课程任务分级、分层进行讲解并示范。为了巩固讲授过的技巧与知识，将准备好的相关习题以实验任务的形式下发给学生，使学生对新的知识有充分的训练。

（二）听力课

随着当今社会信息技术快速发展，学生获得听力训练的途径也越来越便捷，所使用的听力设备也逐渐向多样化和智能化方向发展，如卡式磁带录音机、小型CD机、小型MP3播放器、微型计算机、智能手机终端等设备。在技术发展的推动下，听力课的课堂模式和使用的教学方法也在不断发展和创新，下面将主要介绍外语听力课教学理论与方法、语言实验室环境下听力课教学：

1. 外语听力课教学理论与方法

外语学习过程中“听、说、读、写”四种能力缺一不可，都是非常重要的。人们只有在对输入的信息充分理解的基础上才能获得语言习得，一般口头语言具备这种可被理解的信息的特性，只有听力训练达到一定程度并能充分理解所听到的输入信息之后，“说”才能顺其自然地表达出来，因此听力训练是必不可少的，是人们日常交际活动的核心，可理解性的输入的获得依赖于能顺利地听。

听力理解的过程主要有以下三个特点：第一，听力理解是一个大脑积极接收信息并和已有的知识努力联结，经过加工处理形成认知的过程，消极被动地听来接收信息并不能达到有效的理解，只有积极、主动才能真正理解说话者要表达的意图，“听”才会有意义。第二，听力理解是一个创造性的过程，在交际过程中，说话者在表达观点时为使语言简练，会过滤掉某些细节，这就要求听者充分发挥主观性去积极理解同一个单词或同一句话的深刻含义，因为某些意义的表达并不存在于现成语料中，而是需要听者去体会、理解。第三，听力理解是一个互动的过程。人们在交际过程中会涉及说话者和听者双方，是一个双方相互磋商相互理解的过程，不存在单方面的“说”，也不存在单方面的“听”。

研究听力理解和听力教学时，学者们总结了影响听力理解的多种因素。其中，听力材料的特征、说话者特征、任务特征、学习者特征和过程特征被视为关键因素。听力材料的特征涵盖语速、词汇与句法结构，以及学生对材料内容的熟悉程度。为学生挑选可理解的听力材料时，要确保其符合学生的认知水平，并且输入的内容应尽量与学生大脑中已有的知识建立联结，努力营造一个积极主动的听力过程。说话者特征主要是指说话者的身份对听力理解的影响。因此，采用情景对话以及对话场景中某种特定身份人物的语言作为听力理解材料是一个不错的选择。任务特征涉及听力理解的目标和所关联的问题种类，可通过设计听力选择题的方式，引领学生融入语言情境，促使其创造性地归纳与推断语言信息。学习者特征涵盖语言水平、记忆力、情感状态及背景知识等方面。鉴于学习者是听力理解的核心，要充分考量其认知水平与能力特点，实施个性化教学。过程特征体现为听力理解作为心理活动的过程，涉及学习者采用的理解模式，如“自下而上”、“自上而下”或互动模式。明确这些因素对提升听力教学质量至关重要。据此，外语听力教学可大致分为以下阶段：

首先，要全面掌握学生的基本情况，对学生的语言水平、认知能力和具备的背景知识有一个全面的了解，这样才能有针对性地为学生提供听力材料，这一阶段如果没有掌握学生的认知水平而给他们提出过高的要求，则会给学生带来很大的心理压力，甚至可能让他们丧失信心。鼓励学生随时随地听，使其对语音语调产生某种语感，而习惯于外语正常的语流。

其次，如果学生有特定的听力基础，他们就可以在一些声音中识别孤立的和相关的单词。然后训练学生识别语言流中的词语，使他们大致了解日常生活中最基本的会话内容；对学生进行小句子的训练，使他们能够快速识别语言中的小句子，并对所说的话有一个大致的理解。这个时候，学生就达到一定外语听力水平了。

最后，依据学生原有水平要不断给学生增加新单词、新知识，并逐步增加听力训练的难度，促使其听力水平持续提高。

若教师的听力教学方法过于单一，只采用播放一段听力，然后做几道题的形式，学生只是被动地接收材料；再者没有分析学生的能力水平，提供的听力材料与学生认知水平有差距，学生没有做好心理准备，茫然地接受，不能发挥其主观能动性。

教师应针对上述情况改进教学方法，在分析学生能力水平的基础上，对听力材料进行分析后，增加材料的背景知识介绍，提供相应的图片、视频、阅读等辅助材料，还可以设置一些与听力材料相关的且会吸引学生兴趣的问题，引导学生进行多方位的互动交流讨论，由灌输变为引导，激发学生内在积极性。

2. 语言实验室环境下听力课教学

（1）课前教学准备

教师在这一阶段需精心规划听力教学策略，而学生则需提前预习，深入了解听力材料的背景知识，并带着预习过程中产生的问题进入课堂，以增强学习的主动性与针对性。教师听力教学设计步骤可概括为以下几点：首先，教师应评估班级学生的整体英语水平，识别并剖析阻碍学生听力能力进一步提升的关键因素；其次，基于详尽的需求分析，教师应精选与学生的实际水平相匹配的视听材料，所选材料应贴近现实生活，能够映射或模拟真实的交际场景；最后，针对既定的听力内容与教学目标，教师要精心挑选并设计听力策略，以及准备相应的练习和实践素材，提前上传至实验教学系统中，完成教学准备。学生的听力准备阶段主要是从实验平台下载教师准备的预习资料，查找并熟悉课堂上即将用到的听力材料的背景知识，为能在课堂上完成听力任务做好准备。

（2）课堂实验教学

在英语听力课上，教师应先将听力任务的学习目标明确传达给学生，让学生做到心中有目标、行动有计划、学习有步骤，使整个课堂教学更有针对性。学生在学习目标的指引下，从语言实验软件平台获取听力任务，开展听力技能训练，引导学生进行大量的外语训练，目标牵引，反复操练。同时，要注意让学生在理解英语听力材料，以及在进行各项听力任务的过程中保持与教师和同学之间、同学和同学之间的交流、互动。最后，教师根据课堂上与学生的互动反馈，融入该堂课的学习目标，使用实验教学平台给学生发布实验任务，在进行分组训练时，教师应考虑学生的个体差异，将语言水平不同的学生分在同组，可以促进组员之间取长补短、通力合作。同时，教师需要讲解具体的实验任务要求并进行典型案例演示，让学生做到心中有数，从而完成听力课的课堂教学。

（三）听说课

“听”是语言交际中最基本的形式，人类的语言学习过程中最初的感知都是来自“听”。“听”是人类感知世界的主要途径，“听说”占日常语言活动的 75%，这个过程是语言输出的基础，信息只有经过“听”的输入后的加工整理才能转化为“说”的输出。“说”又比“听”难，“说”是各种认知技能经过大脑的加工内化于心，是具有主动性和创造性的复杂技能。

英国著名教育家亚历山大所倡导的外语教学原则，揭示了外语能力构建中的层级递进关系。该原则强调了在外语学习过程中，听说能力的培养不仅是日常交际能力的基石，还是整个教育体系中的核心环节，优先于读写技能的发展。亚历山大先生的理念，实际上是对“四会”（听、说、读、写）能力构建顺序的精准概括。在语言学习的初期阶段，通过大量的听力输入，学习者能够积累必要的语音、语调、词汇及语法结构信息，为后续的口语表达奠定坚实的基础。对于大学英语教学而言，听说课教学在整个教学过程中起着基础作用。

听说课作为外语课堂教学中一种普遍课型，一般在教学实施过程中，根据教学要求，教师基于由浅入深、由易到难的原则将学生日常相关的话题搬移到课堂，在课堂上进行讨论，以达到使学生系统且扎实牢固地掌握所学知识、灵活运用的目的。下面将主要阐述外语听说课教学的目的和语言实验室环境下的听说课教学：

1. 外语听说课教学的目的

外语的听与说技能是相辅相成、相互影响的，这两项技能都是以准确的发音技能为基础的，如果在外语学习过程中，不注重加强“听”的能力锻炼，那“说”的能力也很难训练到满意效果。假如为了应试仅强调学生“听”的能力的训练，这样也只是锻炼出了只会考试而不会说的学生。总结起来，外语听说课的教学目的主要有以下四个方面：

（1）锻炼学生听的能力

听说课是在听力课的基础之上进一步锻炼学生的听的能力。与听力课所不同的是，听说课是在听说对话的基础上，通过提高听说综合能力来进一步强化听的能力，避免了听力课仅通过不断的、重复的听的方式来强化学生对外语听的感觉的方式来锻炼听力。可以说，听说课是更高阶的听力课，是听力课的延伸和深化。

（2）锻炼学生说的能力

锻炼学生外语说出口的能力是听说课的主要目的。在听说课上对学生听的能力的训练是在强化听力的基础上进行的，例如，通过跟读训练或者对话模仿等方式进行训练。

（3）锻炼学生听说综合能力

听说课直接锻炼了学生的听说的综合能力。例如，在课堂上实施的会话模仿训练、小组讨论训练、主题讨论训练等听说，都能有效锻炼学生听说综合能力。

（4）为学生提高外语交际能力打下坚实的基础

交际能力是通过语言手段而达到一定交际目的的能力。在听说课上，通过外语进行有意义的，而非反复模仿的对话能强化这种语言交际能力，至少为外语交际水平的进一步发展奠定了坚实的能力基础。

2.语言实验室环境下的听说课教学

语音课的目的是通过教师教授和有针对性的训练让学生具有外语听说的综合能力，从而为后续的语言学习和认知打下坚实的基础。在语言实验室环境下，语音课的设置可以分为课前教学准备阶段、课堂实验教学阶段。

（1）课前教学准备

严格意义上讲，外语听说课在课堂教学开始前就已经开始了，因为在课前，教师需要做很多准备工作。例如，首先，要调查所教学生的听力水平；其次，要明确本节课的教学目标；再次，教师要根据学生的听力水平和教学目标制定本课时具体的实施策略，即采用何种训练方式、针对何种内容进行训练等；最后，根据课堂教学策略，教师需要收集学生学习的资料，并将准备好的资料上传到软件平台。学生在课前通过访问软件平台获得预习资料，进行课前预习。

（2）课堂实验教学

在英语听说课上，首先，要让学生明确该堂课所要达到的学习目标，这时候，学生带着学习目标去听教师的讲解，使整个课堂学习更有针对性。其次，在学习目标的指引下去获取听说训练任务，展开听说综合技能训练，这样做能将“听”与“说”巧妙结合，让学生在外语语言训练的实践中参与、合作、互动和交流。学生在听说任务训练的过程中，离不开教师与学生以及学生与学生之间的大量互动。最后，教师根据课堂上与学生的互动反馈，根据该课时的学习目标，使用语言实验教学平台给学生发布实验任务。在进行分组训练时，教师可以考虑学生的个体差异和性别差异，将语言水平高低不同的学生分在同组，可以促进组员之间取长补短、通力合作。同时，教师需要讲解具体的实验任务要求并进行典型案例演示，让学生做到心中有数，从而完成听说课的课堂教学。

（四）阅读课

阅读能力的高低是外语学习中重要的影响因素，是人们获得信息的重要手段。

通过阅读，可以拓展词汇、获得知识、学习他人的写作方式，获得表达思想所需要的语言。通过阅读还可以开阔视野，提升思维能力。阅读是接受和理解书面语言形式所表达信息的过程，是一项多种因素多向交流与反应的复杂解码过程，这种解码来自文字、语言、知识和交际。语言知识具体为语音、语法、语义等，交际涉及人际交往修辞规则和语篇修辞原则等，而以提高外语水平的阅读应该采用篇章处理策略，如认识词汇、语法分析、翻译等，只有通过专门的学习和训练才能获得，因此阅读教学是外语教学中的重要内容。

外语阅读及其教学的作用与特性主要体现在以下三个维度：

首先，外语阅读助力学习者掌握外语的语言结构与知识，有利于学习者更好地了解不同文化的思维与价值观。通过阅读，学习者能够接触并理解异域文化的思考模式与价值取向，从而培养文化敏感性。在外语语境下，阅读及对文本的讨论成为洞察他国文化逻辑、增进对多元文化框架认知的关键手段。

其次，外语阅读作为外语习得的核心路径，其价值在于促进了学生与目标语言及文化的深层次互动与理解。这一过程超越了单纯口头交流所能触及的范围，使学生得以全面接触并学习多样的文体风格、语言运用习惯及文化图示。

最后，外语阅读活动深受交际情境与社会文化环境的双重影响。交际情境包括阅读所处的环境、阅读目的、任务分配及读者的社会身份等因素，而社会文化环境则广泛涵盖了与读写能力、教育理念相关联的价值观、信仰与态度体系。在外语阅读教学中，教师扮演着至关重要的引导角色，通过精心设计的教学活动，促进学生在这一过程中实现社会化的蜕变，即将外语阅读视为塑造个人文化身份的一部分。

外语精读课是一门基础语言综合课，其课程性质和特点决定了这是一门语言实践性较强的课程。随着近年来互联网越来越普及，人们可以方便地在互联网上获取自己想要读的各类文章，基于外语学习因素，人们更愿意寻找优秀的外语文章，由于这类文章具有内容深刻、分析到位、结构严谨、文笔流畅等特点，因此，一般这类文章值得细细品味、反复阅读。外语精读课就是教师指导学生去学习、理解、品味这类外语文章，以此训练培养学生的阅读能力。外语精读课上应当注意，在教师的指导下以学生为中心，强调在精细地分析课文内容的基础上培养学生阅读外语文章的基本能力，在精读课教学过程中应该强调语言训练和人文知识与素质培养的合理结合。下面将主要讨论外语精读课教学的目的、外语阅读课教学理论、语言实验室环境下的阅读课教学和语言实验室环境下阅读课的特点：

1. 外语精读课教学的目的

外语精读课主要是培养学生以外语理解能力为基础的外语听、说、读、写基础综合能力，是一门基础综合课。在精读课堂上，全面培养学生语音发音、语法理解、词汇认知等基础外语技能。精读课的言语技能训练一方面应当注重使用言语的正确性，如语音、语法、词汇的正确性；另一方面应当使用言语的得体性，如理解文章所围绕的某种情景、话题或者中心思想等。总结起来，在外语精读课的教学目的具体的有以下三个方面：

（1）培养学生以阅读理解为基础的听、说、读、写、译的基本技能

听说读写是人类交际的基本语言技能，在交际过程中听和说是基础，听和读是代表对语言的理解，说和写代表语言的表达，听、说、读、写四项技能是相互影响、相辅相成的，其综合应用构成了人类在交际中的主要活动。例如，如果学生不能准确地发音，那他在外语交流的时候也很难听懂别人说什么，因为在他的认知里，将某个词汇不准确的发音与其含义绑定在一起，当听到该词正确的发音时很难快速准确地对应到该词的正确含义，在一个句子中这种词汇达到一定数量时，就难以理解本句的含义，这样就会严重阻碍外语交流。另外，和别人进行外语交流时，如果自身发音不准确，别人也常常会不知所云。在精读课教学过程中，教师一方面应注意在课内、课外帮助学生掌握正确的语音发音，加强听说训练；另一方面应给予学生实际运用外语进行交流训练的机会。在精读课上，教师还应当培养学生以篇章语句理解为基础的外语翻译的基本技能。一般情况下，精读教材选取的都是内容深刻、分析到位、结构严谨、文笔流畅的文章这类精美的文章，值得逐句理解，细细品味。教师应当在课堂上采取一定的策略去有意识地培养学生语句翻译理解的基本能力，例如，对典型句子进行结构分析、翻译等训练。从上述可知，阅读课一方面从交流的角度培养学生的听、说、语音发音等基本综合技能，另一方面从文化转换角度培养学生翻译能力。

（2）培养学生的基本语言知识

一般认为，语言知识主要包括语音发音知识、语法知识和词汇知识等。在精

读课上，要重视指导学生语言知识的学习，为学好外语打下坚实的基础。首先，应当足够重视语音知识的培养，也要重视语音发音，因为语音、语调的准确与否直接影响着听力理解的准确性。其次，应当重视培养学生对语法规律的认识和理解。从语言的发展上来看，先有语言表达的发展，后有人们根据对语言规律的共同认知和总结而形成的语法。语法规律是我们认识、学习和研究语言的一个知识工具，因此在精读课上应当强化对语法知识的内化和培养。最后，在课堂上还应当引导学生对词汇的总结和理解。

（3）综合强化学生语言形式和语言内容的学习

语言本身也就是语音、语法、词汇等知识构成语言形式。事实上，一般认为语言本身是一种知识、文化、信息的载体，可以把语言形式理解成为由语言知识构成的能装载和传递知识、文化、信息的一个工具。而知识本身所承载的内容就是我们通常所说的语言内容，是基于知识和文化的某种信息，如科学定理、文化知识、社会哲理、智慧等信息，教师在外语课堂上应充分重视这部分内容的学习，这将更有利于语言知识的理解，让学生明确在语言知识背后所涉及的文化知识。精读课的教学更有利于将语言形式和语言内容整合到一起实现外语综合教学。精读课本所选取的课文片段能较为完整地传达某种思想，甚至某方面的特定文化，在教学过程中锻炼学生外语基本知识和技能的同时，能够从中体会到该文章对于知识和文化的传达。从某种意义上来说，学习语言的主要目的就是学习语言所承载的特定知识和文化，实现沟通、交流和融合。因此，在外语精读课上，一方面要重视语言形式的学习，掌握语言工具；另一方面也要重视语音内容的学习，掌握目的语的知识和文化。

2. 外语阅读课教学理论

（1）传统阅读理论

传统阅读理论的教学理念植根于词语、语法、句子分析，完全依靠教师来对词义、语句进行讲解，即从文字出发达到对语句的理解，再到整体篇章的理解，教师在阅读过程中担当引领者、传授者的角色，必须通过教师讲解完成阅读教学，由教师带着学生对每一个词语进行对号入座式的翻译，这种通过讲解词汇和语法的翻译式的阅读教学在一定程度上解决了最初的阅读障碍。阅读教学中，读者是在视觉文字信息的刺激下，通过教师的口头讲解从而对文字信息整理编码，形成字义和语句的理解。传统阅读教学模式重视词汇的做法对阅读效果、阅读能力的影响非常重要，特别是对年轻学生而言，准确、迅速地辨认单词是阅读能力提升的最重要的预测器。

（2）心理阅读理论

在古德曼的视角下，阅读的本质被喻为一场“猜测游戏”，读者通过不断提出假设、验证观点、调整认知以及推测文本深层含义，展开了一场心理语言层面的循环探索之旅。阅读成效的优劣直接关联于读者对作者所表达的语言文字信息的理解深度与准确度。心理阅读理论显著地突出了读者在阅读活动中的主体地位，将其视为积极建构意义的主动参与者，主张阅读是读者基于既有经验与知识框架，对文本信息进行主动筛选、重新解读与验证的循环机制。心理阅读理论实现了教学理念的根本性跃迁，其中，教师角色转变为引导者，鼓励学生依据个人经验和知识背景，自主探索文本意义。

（3）系统功能阅读理论

英国语言学家韩礼德提出的系统功能语言学得到广大研究者的关注，使其迅速发展为指导听力、阅读、写作、翻译等教学的基础理论。该理论认为，阅读实际上是读者理解作者意图的心理推理过程，是通过文字表述的语境进行逻辑判断从而得出结论。该理论深刻地揭示了语境在阅读理解过程中的核心价值与功能，进而强调了理解并认知语境效果在阅读活动中的不可或缺性。该理论所倡导的关联原则贯穿了语言要素的各个方面，促进了语篇内容的整合性教学，有利于实现语篇层面的整体教学策略。在传统阅读教学和心理阅读教学的基础上，系统功能阅读理论做了改进，提出阅读教学应当把书本文字等视觉信息和语篇的情景、文化背景知识等非视觉信息有机结合起来，不仅涉及词汇精准运用、语法结构剖析及语句流畅性构建等语言基础能力的强化训练，也包括情景语境与文化语境知识的渗透。

（4）现代认知阅读理论

随着认知科学的发展以及对阅读理论的深入研究，已有知识对阅读理解的作用越来越受到重视，从而衍生出综合了多种现代语言学和心理学理论的交互模式、图式理论、隐喻理论。图式理论提出，阅读本质上是视觉输入信息与读者预先存在的知识结构之间动态“交互作用”的产物，将阅读过程解构为读者个人认知图式与文本内容双向互动的复杂过程，强调了已有知识概念作为解码工具的核心作用。隐喻理论则主张在信息处理层面，个体依赖隐喻这一强大的认知机制，通过将已知的、具象化的隐喻载体作为桥梁，去探索并构建对新知识、新概念的理解。总体说来，现代认知阅读理论更加看重对语篇宏观意义的掌握。

总之，无论哪种阅读理论都无优劣之分，只是从不同的角度揭示了阅读的本质以及阅读能力发展的规律。在阅读教学中，教师应先认真领会阅读理论的实质与利弊，然后根据学生的语言水平和教学实际需求，灵活地用理论指导教学，构建一个更加适合自身学习的阅读教学模式。

3. 语言实验室环境下的阅读课教学

外语精读课的目的是通过教师教授和有针对性地训练，让学生掌握以外语理解能力为基础的外语听、说、读、写基础综合能力，为后续的语言学习和认知打下坚实的基础。在语言实验室环境下，外语精读课的设置可以分为课前教学准备阶段、课堂实验教学阶段。

（1）课前教学准备

在课前教学准备阶段，师生都要有相应的工作。教师要进行精读课的教学设计，学生要做功课去预习精读课文，掌握要学课文的文化环境、故事背景、社会背景、作者的相关情况等。首先，教师在进行教学设计时对学生现有水平的细致分析是首要工作，根据学生的情况设置教学目标，选择与之相适应的教学素材，并且素材还应与精读教学课文的内容相互呼应，让学生在“阅读舒适区”充满信心，对课文内容更加感兴趣而获得增量知识。其次，教师根据课文内容选取适当的典型段落或语句，以便在课堂上重点讲解。最后，教师将准备好的资料上传到软件平台，进而完成课前教学准备。

（2）课堂实验教学

在英语外语精读课上，首先，教师要让学生明确该堂课所要达到的学习目标，让学生带着学习目标听教师的讲解，使学习更有针对性；其次，教师要在学习目标的指引下去获取翻译和跟读训练任务，展开精读综合技能训练，这样做的目的在于让学生在目标的指引下通过参与大量的实践活动获得能力的锻炼，这个过程离不开教师与学生以及学生与学生之间的大量互动；最后，教师要根据课堂上与学生的互动反馈，然后根据该课时的学习目标，使用语言实验教学平台给学生发布实验任务，小组活动是课堂阅读教学非常好的选择，小组成员之间可以就阅读的背景知识相互补充、就阅读内容提出不同的认识，从而增进对课文的理解。同时，教师需要讲解具体的实验任务要求并进行典型案例演示，让学生做到心中有数，从而完成精读课的课堂教学。

4. 语言实验室环境下阅读课的特点

（1）丰富的阅读素材

语言实验室创造了良好的阅读环境，承载和传播辅助外语教学所需的各种要素，覆盖文字、图片、声音、图像等多种形式的多种媒体信息。阅读正经历着从传统文本向超文本的根本性转变。在电子素材日益丰富的今天，信息的组织打破了线性束缚，呈现出多维度、非线性的特点。各个知识点、章节乃至不同文本之间，通过超链接建立起错综复杂而又逻辑清晰的网状联系。这些素材把有声语言和视觉形象结合起来，有利于加深对所学语言的理解。基于语言实验室的阅读课打破读者和作者之间的鸿沟，而提供的超文本、超媒体的电子资源以及互联网上全球化的信息资源，学生可以根据自身的需要选择阅读材料，并以多种组合方式来调阅文本结构，有助于有效理解语篇的宏观意义。电子资源融合了文字、图像、音频与视频等多种媒介形式，展现出了极高的多媒体集成性，能够显著激发学生的学习兴趣与学习主动性。它们为学生提供了一个丰富多元的语言学习与实践平台，极大地拓展了语言学习的广度与深度。

（2）灵活多样的阅读课堂

在教学中，可以通过以下三种方法提高阅读能力：第一，随时阅读。任何外语教学软件，即便不是为阅读课而设计，也都需要学生为了特定的目的而阅读文章或题目要求，以便能成功地完成教学活动，也可以帮助师生随时下载各类文学、科普、实时报道、新闻热点等材料。第二，阅读理解评测。以人机交互的方式，通过学生终端的屏幕，教师可以把阅读材料相关的练习或问题呈现在显示器上，学生可以即时作答，系统能立即反馈学生的答案，并统计正答率等信息。对于阅读中遇到的词汇、语法方面的难题，可以借助互联网即时得到解决。第三，创造性及应用性阅读。这种阅读通过教学设计，按照语篇内容以问答的形式引导学生对文章的理解，使阅读不按固定的顺序完成。

在学生阅读文章的过程中，电脑会在情节合适的地方提出问题，让学生在规定的时间内从众多的情况中做选择，文章的内容会按照学生提供的选择继续发展，直到新的选项再次出现，学生必须在仔细阅读和完全理解上下文之后，再作出选择。这种问答式设计还可以包括词汇、语法、语句分析等语言基本功层面的学习，既激发了学生的学习兴趣，又能让学生在情景语境知识的渗透下把握语篇的主题意义。

（3）作为主导教师和发挥主体作用的学生

在网络化语言实验室的自主阅读模式中，学生不再受实验室场地和人数的限制，有更大的自主空间，学生凭自己的兴趣和偏好进行学习，而教师从传授者转换为引导者和监督者，更多的时候是利用语言实验室独特的教学功能，以分组功能、广播教学、屏幕监控等组织多种形式的教学。学生则可以充分利用实验室软硬件资源，通过多媒体课件以及教师与单个学生之间的通信来获得协助，实现自主化学习，并借助多种信息手段，获得语篇的情景、语类知识和文化背景知识。这种学生与资料库之间的灵活开放、复杂高效的人机对话，充分体现了现代阅读思维和意识，是信息社会中一种极其重要的阅读能力。

（五）交流技能综合课

语言应用能力的提高有赖于对文化背景的了解，只有将跨文化意识的培养融入语言应用能力的培养之中，才能收到事半功倍的效果，学生也才能在文化知识、文化素养、国际视野方面得到全面提高。跨文化交流技能课程的开展就是要通过让学生了解世界各民族在思维方式、价值取向、文化认同等方面的不同，不断增进国际理解、形成跨文化意识，提高社会语言能力，并最终掌握国际交流能力。

1. 交流技能综合课教学的任务

（1）使学生掌握交际能力

交际能力的提出源于20世纪80年代初期，这一模式包括语法能力、社会语言能力、语篇能力、策略能力四个方面。语法能力构成了语言习得的基础框架，它涵盖了语音系统的掌握、句法结构的运用、词汇的积累与运用，以及构词规则的理解等语言核心要素，确保个体能够准确理解和传达话语及文字所承载的意义，并能有效进行词汇选择与句子构建。社会语言能力聚焦于个体在不同社会文化背景下的语言能力表现，即能够在多样化的社会语言环境中恰当地理解并表达语言内容，这种能力体现了运用语言进行有效跨文化交际的文化敏感性与适应性，尤其在全球化语境下，其重要性愈发凸显。语篇能力是指个体将语法结构与语法意义深度融合，并能通过口头或书面方式连贯呈现各类语篇的能力。此能力不仅展现了语言使用的复杂性，还间接映射了某一文化社群的基本思维逻辑与价值体系，是理解特定文化语境下语言产出与解读深层含义的关键。策略能力是指在跨文化交流遇到沟通障碍或挑战时，个体所展现出的灵活应对与调整能力。这包括在交际受阻时，迅速识别并采取有效策略以克服障碍，维持或恢复交流的顺畅进行。策略能力是确保跨文化交际有效性与成功率的重要保障。这四种能力在跨文化交际中都是不可或缺的，它们是相互独立且相互依存的关系。其中，语法能力是基础，只有正确地发音，正确地理解文字的含义等词法、词汇和语法等语言知识，才能做到正确地理解和表达观点；社会语言能力帮助人们在社会的交往中恰如其分地使用语言进行表达和交流；语篇能力是在整篇叙事中遣词造句时使用规范的语言知识的能力；语言策略能力则是强调语言的使用技巧，以应对人际交往中的某种障碍。

（2）使学生掌握跨文化交际能力

关于跨文化交际能力的定义普遍认为是："在跨文化交际实践中表现出来的基于跨文化知识、技能和态度的有效、恰当的沟通能力"，即跨文化交际能力主要包含充足的跨文化知识、积极的交际动机和有效的交际技能三个要素。检验跨文化交际能力的标准是能出色完成有效的交际，这种能力的体现当然是来源于有效的教育教学，因此，外语教学所承载的任务不仅是提高语言技能，而更应把跨文化交际能力的培养放在重要位置，应该贯穿于外语各项技能培养的始终。

在人与人的社会交往中，思维能力、文化意识、非语言交际和交际策略起重要作用，因此在跨文化交际能力培养过程中，要注重对一种文化的深刻理解，包括这种文化的文学、历史、习俗、艺术等方面，培养学生在跨文化语境下获取文化的特有性和普遍性概念的能力，以及在跨文化之间通过得体和有效的协商完成具体任务的能力。

2. 语言实验室环境下的交流技能课教学

（1）跨文化交际能力培养与英语教学

在大学英语教育中，如果仅局限于语言知识的传授或单纯只是语言技能的锤炼，那么就很难培养出具备全球视野与竞争力的国际化人才。外语教学的深层价值，在于培养具备多维度内涵的跨文化交际能力。在微观层面，语音的纯正性、语法的准确性、词汇的丰富性、篇章的连贯性以及拼写的规范性，加之听、说、读、写、译等全方位语言技能的提升，构成了跨文化交际能力的基石。中观层面的“交际能力”培养尤为关键，它侧重于语用能力的发展。这不仅要求学生掌握语言使用的社会文化条件，还需具备对社会规范的高度敏感性，即社会语言能力。此外，学生要学会灵活运用语言资源，结合交流的具体语境和语篇，制定并实施有效的语言策略，以达成跨文化交际的目的。在宏观层面，大学英语教学致力于提升学生的“社会文化能力”，不仅包含语言能力与语用能力的双重提升，更强调了对不同文化的深刻理解、批判性评价，以及跨文化的整合与创新能力。大学英语在教学上应该变单纯语言技能训练（语音、词汇、语法、语句、语篇），为传授语用能力、语篇能力、策略能力等语言综合应用能力。

①交流技能教学中的“教”和“学”

学生是学习活动的主体，教师应始终贯彻“以学生为中心，以教师为主导”的原则，“教”必须为“学”服务，“学”是通过“教”才更加有效，教师的主导作用在于“导演”教学整个过程，创设语言情景、组织课堂、示范参与、答疑解惑，引导和激发学生主动性；学生作为“演员”积极主动参与其中，最大限度地发挥学习潜力。在教与学中尽量避免只强调学生的发挥，而忽视教师的引导，也要避免教师主导而忽视学生的能动性。

②教学过程交际化

要明确“语言交际”的教学目标，把语言当作交际“工具”来教和学。在初级阶段，为了让学生掌握语言形式并养成习惯，要适当采取听说法所强调的句型操练等机械训练方式，而采取语言知识的教学，语言知识的教学要为培养语言交际能力服务；在中、高级阶段应着重训练学生的语言综合应用能力，并将跨文化意识的培养融入语言应用能力的培养之中，使自身的语言基本知识和技能转化为语言交际能力，并能创造性地运用语言表达观点。

③正确处理语言知识与技能的关系

第二语言的获得是“规则的学习”与“习惯的养成”两方面相结合，语言理论和语音规则是语言技能的基础，因此，在教学中不能忽视语言理论和语音规则的教学，不仅是听、说、读、写基本技能的训练，在交际能力的培养中还要进行有关语用规则、话语规则和交际策略方面的训练。

④重视交际第二课堂的作用

语言交际能力的培养仅靠课堂教学往往事倍功半，还要注意加大语言的输入和输出，应该让学生走出课堂、步入社会，在社会实践中去锻炼、去领会，在实际应用中获得第二语言。为此，设计的语言实验项目应更具有社会参与性，实现课上与课下相结合，练与用相结合，加强课后实践“两展示”——展示英语才艺，展示应用技能。

（2）教学指导原则

与语言教学相融合的跨文化交流技能教学，教学内容首先应该利用语言实验室提供的丰富的教学功能完成语言基础教学，包括语音、词汇、拼写、语法、语义、阅读、听力、口语、写作、翻译等。在语言基础教学中，用多媒体和虚拟仿真技术创建语言文化交际场景，融入社会文化因素，还包括隐性知识、文化隐喻、日常言语及非言语行为。通过情景化训练，使学习者领悟语言与文化的关系，内化语法与文化规则，培养跨文化意识。

（3）创设情景，输入文化

学生在特定的语言情景中才能激发联想，提高语言输出的欲望，这就需要利用多媒体技术、虚拟现实技术来创设接近社会实际的语言情景，使学生置身于真实的场景中进行交际训练，并将社会习俗、交际礼仪、文化背景知识的学习融入语言技能的培养与训练过程，从而提高学习者的日常英语表达能力以及文化素养。

①强化背景知识的输入

教学中，通过语言实验室网络平台输入有关社会文化知识，其中社会习俗、交际礼节等背景知识的音视频资料是必不可少的，让学生对有关文化背景有所了解。

②创设交际场景

让两个或两个以上学生进行会话仿说，并讲解交际场景中的习惯表达。教师在课堂上带领学生角色扮演，让他们沉浸在英语国家的文化氛围中。语言文化实践不仅可以使学生对英语文化有进一步的了解，而且可以提高学生的发音水平和表演能力。

③提供口语情景

在课堂教学中，教师应尽可能多地为学生提供外文原著、影视作品中的口语情景，引导学生仔细揣摩这些交际场景中的习惯用语，品味这些用语的使用背景和文化含义，进而使其在学生头脑中形成强烈印象，体会中西方文化的思维差异。

（4）注重语音语调对交际的影响

交际中的发音方式在交际中是很重要的。如果单词读音有困难，交际则根本无法进行。语音除了长短音、重音，还有表达思想的现实需要，将句子分成各种不同的语流切分。人们在交流时因富有感情而说话的语气会带有高低起伏、抑扬顿挫的语调，具有丰富的表达含义，强烈的语调可以使对方明显感受到说话者的目的。在实际教学中，教师可以通过各种表达情绪和意图的语言情景实例，帮助学生体会和理解语音、语调的作用。

（5）口语互动性和多样性

口语的学习强调的是互动，即在某种语言情景下有意识的动态练习。在课堂上，通过师生交际、生生交际的互动操作训练，形式多样的互动训练活动，比如对话练习、小组讨论、角色扮演等，让学生练习自己的口语。此外，根据具体的教学目标和口语交际内容，教师还应采用不同教学方法，如设计模拟现场、唱英语歌曲、新闻采访、微型调研等设计情景对话，给学生创造更多交流实践的机会。

二、外语语言实验教学设计

（一）外语语言实验教学设计的三个方面

在当今教育信息化时代，大学英语教学中利用多种信息化技术手段来设计开发出一套科学、有效的教学设计是当前信息化大学英语教学的一个重要课题。

在教育信息化条件下逐步发展起来的语言实验教学模式本身就是教育、教学信息化的产物。在此背景下，语言实验教学模式的教学设计系统的主要元素也被打上了深深的信息化烙印，在这种创新模式的驱动下，必将影响传统的教学设计系统的开发，主要体现在以下三个方面：

第一，在教育信息化条件下的语言实验教学设计，在尊重语言学的基本理论基础上注重借鉴其他学科的优秀学习方法。在语言实验教学设计中借助虚拟化的软件平台，以理工科的实验的教学形式，以各个实验项目为基本单元，创建全新意义上的语言实验教学设计。这种设计通过语言实验的形式创设有效的问题情境，学生通过语言的实验验证方式在教学过程中由被动学习转变成主动学习，这种语言实验教学设计有效地将整个教学过程转变成了以学生为主导、以教师辅助的全新的教学模式。

第二，更加高效的语言实验教学设计。在全新的语言实验教学模式下的教学设计具有高效性，在教育信息化条件下，语言实验教学借助于实验教学软件平台创建虚拟环境下的语言环境，在这种条件下的教学设计也突破了单一的 PPT 或者其他音视频形式，将教学设计与虚拟化的软件平台相整合。这种教学设计突破时间和地点的限制，有效提高了教学设计过程的效率。另外，和实验软件平台相融合的教学设计更加贴近教学目标，这也使教学过程更加有效。

第三，在信息技术环境下的语言实验教学设计实现了教学资源的高度共享。学生可以根据教学设计创设的问题情境随时随地访问虚拟化的语言实验软件平台，并可以根据自己的需要创建不同的实验项目，采用分组的形式来完成实验项目，在这个过程中，语言实验是开放共享的，教师通过开放化的教学设计来管理各个实验项目，同时，教师在实验过程既是实验项目参与者，也是实验项目的评估者，从而实现了教学资源的高度共享。

由上述分析可知，基于语言实验教学模式的语言实验教学设计是借助于信息化平台的全新形式的教学设计，使教学过程呈现出多样性、高效性、共享性等特点，形成了以学生为中心以教师为辅助的更加高效的教学方式。

（二）外语语言实验教学设计步骤

由于语言实验教学是在信息化条件下强调以学生为中心，所以在教学设计上应当考虑：要侧重于发挥学生的主观能动性，培养学生的创造性思维，将习得的语言技能不断地外化，设计适当语言环境，训练学生的习得技能并加以强化。主要做法是教师应辅助学生根据自身的学习情况来创建语言实验项目，在这个设计过程中，充分保证学生的主动性和创造性；教学设计要充分考虑学生构建自我反馈的过程，要使学生根据自身行动的反馈信息来形成对语言知识技能的认识并且转化为解决实际问题能力；教学设计要充分考虑到教学过程的开放性和协作性，实验教学本身就锻炼学生的团队协作能力，在语言实验教学过程中，注重将团体协作的特点更加扩展，同时体现出开放性和协作性。具体过程如下：第一，教师根据教学要求和对学生情况掌握，引导学生自主创建语言实验项目，在这过程中学生创建的实验项目对所有的教学参与者是开放的，学生根据自身情况选择对某个实验项目参与程度，达到语言实验项目小组内的团队协作；第二，在教师的引导下，各个实验项目最终回到了教学要求的落脚点，各小组根据语言实验项目的实施情况进行协作、共同完成要求。

根据上述分析可知，语言实验教学的课程设计步骤如下：

1. 引导学生制定阶段性学习目标

在这一阶段，教师先要明确教学的总体目标，然后根据总体目标并结合教学时长以及知识的内在联系来确定阶段性教学目标的指导大纲；教师根据阶段性教学目标的指导大纲来帮助学生根据学生自身的情况分析并制定学生的阶段性学习目标；教师再对每个学生的阶段性学习目标进行分析并归类，为接下来的创建语言实验项目做准备。在教学实施过程中，教师应不断提醒学生总的学习总目标，这样方便学生确定自己学习进度，并在一定意义上激发其学习的动力。

2. 确定阶段性的学习任务

确定学生的阶段性学习任务是学生创建语言实验项目的基础，这一过程是教师与学生共同参与完成的，根据阶段性目标设计真实的问题和有针对性的任务。任务应是真实的而不是虚构的，是在语言不断的实践中形成的，在任务的设计过程中既要考虑到接近学生现有的语言能力，又要保证学生有一定的成就感，因此任务的设计应当具有伸缩性。另外，还要根据学生语言能力的不同，设计一些具有挑战性的任务，来满足语言能力较高水平学生的学习需要。同时，教师可根据具体情况，注意鼓励学生利用语言实验平台自主去探索，以提高教学效率。

3. 创设学习情境

创设“情境”是教学设计常用的手段之一，在语言实验教学模式下创设学习情境，更有利于提高学生的自主学习能力和水平。通过以语言实验项目的形式来完成学习情境的创设，使学习者能够利用原有认知结构中有关的语言知识技巧、经验及表象，去主动地学习新的知识技能。实际上，如果在教学中存在理论知识与实际解决问题能力不对等的问题，那么学生即便掌握了大量的理论知识，也并不意味着他们能应用所学知识去解决实际遇到的问题，在语言教学中，这个问题尤其突出。

语言实验教学以“任务驱动”和“问题解决”为主线，将课堂教学与真实事件或真实问题相结合，形成语言实验项目，在具体情境中学习策略和知识。在教育设计的框架下，教师可以通过实验平台创造以下学习情境：

（1）创设协作情境

协作情境更有效地模拟了真实的语境环境，同时更有利于高级认知能力的发展、团队精神的培养以及加速人际关系的构建。在语言实验教学环境下，教师不仅要掌握教学内容的逻辑序列和目标的合理安排，还要对学习者的协作情况、学习过程进行规划设计。协作情境的创设是语言实验教学最重要的方式，在教学过程中利用语言实验平台创建语言实验项目，学生项目小组通过“角色扮演”“访谈”“讨论”等协作方式来共同完成语言实验。

（2）创设问题情境

创设问题情境一般是在教学过程中根据学生求知的心理与教师设置的教学内容之间的差异而提出相应的问题，基于此，再将学生引入一种与问题相关的问题情境的过程。一般认为，问题情境的设计一方面为了引导学习者从多个视角、多个方面、多个层次对情境内容进行比较、分析、综合，从而重新架构认知体系；另一方面也可以激发学生的探索求知的欲望。在语言实验教学中，问题情境的设置是常用的情景创设方式，其形式也是多种多样的，教师可以通过引入真实情景、设计典型语言实验案例等多种途径创设问题，还可使用多媒体影音等手段来加强问题的感染力。

在语言实验教学设计中还有多种学习情境，此处不再一一赘述，学习情境的创设是语言实验教学设计的重要构成部分和重要基础。

4. 指导学生创建语言实验项目

根据创设的学习情境来指导学生进行创建语言实验项目，在这个过程中教师要和各个项目小组进行充分交流和探讨，确保实验项目标准化和规范化。借助实验平台，教师能方便地将学生创建的语言实验项目下发给学生，并在相关老师指导下完成语言实验内容的提交、自评、互评等。从总体上讲，基于对适应信息时代发展需要的复合型人才培养目标，突出以语言综合应用能力为核心、自主实践为基础、创新培养为重点，在课程设置上涵盖了基于语言基础、技能技巧、设计研究三个层次，设计了会话仿说、情景模拟、微型调研等多个模块。

第四节　高校外语语言实验教学理念的展望

语言实验室（Language Lab，简称 LL）融合了传统与现代信息技术，集成软硬件专为语言教学设计。其功能涵盖资源共享、交际英语学习、教师监控、即时评估、自主学习及互动教学。在我国，语言实验室是信息技术应用较早的综合性文科实验室，现拥有人脸识别、云端笔记等功能，高校需研究如何加速智慧语言实验室建设，促进教学。

一、智慧语言实验室的特点

1. 稳定性

在教育领域中，设备的稳定性是确保教学活动顺利进行的关键因素，直接关联到教学质量与师生效率的双重提升。为了构建一个稳定的教学技术环境，首先，选择设备时应高度重视品牌的市场认可度和口碑，并优先考虑采用已在多个成功案例中得到实践检验的技术方案，以此减少技术不确定性带来的风险。其次，在设备配置上应注重提升集成度。集成度高的设备设计往往更加紧凑、结构更为合理，有助于减少因复杂分立式结构而导致的故障点与潜在的不稳定因素。

2. 易用性

智慧语言实验室的构建，旨在通过降低操作复杂度、精简功能配置以及提升自动化水平，以实质性减轻教师的教学负担。首先，应推动平台整合，实现操作流程的最简化。这要求在设计阶段就充分考虑教师的使用习惯与教学需求，通过技术手段将多个独立系统或工具集成为统一平台，减少教师在不同软件或设备间频繁切换的需求，从而提升教学效率与用户体验。其次，设计过程中应强调灵活集成与创新融合，特别是将那些在教学活动中高频使用的工具与设备无缝对接。例如，可以设计集成触控笔、话筒和 PPT 翻页等功能的智能教具，使教师能够仅凭一件设备即可完成板书、讲解及课件控制等多重任务，从而极大地提升教学便利性与灵活性。

3. 易管性

随着智慧语言实验室的蓬勃发展，实验室内设备的数量和种类日益增多，这无疑对实验室的日常管理工作构成了挑战。首先，引入并配置先进的机房管理软件是关键的一步。此类软件能够精准控制与管理学生的计算机使用权限，包括对学生系统的关闭、重启、注销操作，以及实时锁定学生屏幕、禁用键盘与鼠标等安全功能，从而确保实验室资源的有序分配与高效利用。其次，充分利用物联网技术的强大潜力，实现对实验室内各类设施的智能化管理。通过本地集中控制或远程监管模式，极大地方便了管理人员对实验室环境的全面把控。再次，集成红外感应器、烟雾传感器等智能安防设备，不仅增强了实验室的安全防范能力，还能实现入侵行为的及时识别与火灾风险的早期预警。最后，对现有的管理功能与管理流程进行全面梳理与优化，是构建智能化综合管理平台的基础。依托大数据分析技术，实现管理数据的深度挖掘与可视化展示，为实验室管理决策提供科学依据，推动实验室管理向精细化、智能化方向发展。

4. 智慧性

智慧语言实验室的构建不仅局限于物理空间的智能化设备部署，更需深化至数字领域，精选并融合先进的线上教学平台，以构筑一个衔接虚拟与现实的外语智慧教育生态系统。这一生态系统旨在利用最前沿的科技力量，全面响应实验室智慧化转型的迫切需求。具体而言，在线上教学平台的搭建上，应集成最新的科技成果。针对教学资源，构建一个庞大的、动态更新的外语知识库，涵盖海量的题库、音视频资料等，通过智能化的录播技术和用户自制资源的激励机制，不断激发资源的活力，实现师生间的高效共享与共创。此外，平台集成了先进的翻译引擎，支持课件中的即时文本、句子翻译及有声朗读功能，极大地提升了学习效率与便利性。同时，媒体互转功能的加入，如语音转文字、手写识别转印刷字体等，进一步拓宽了资源的表现形式与应用场景。在个性化教学层面，平台依托智能分析技术，精准捕捉每位学生的学习轨迹与偏好，自动生成定制化的教学资源与学习路径，并辅以个性化的教学策略建议。在教学互动环节，倡导并实践多媒体全息交互模式，支持文本、音频、视频等多样化形式的即时通信，极大地丰富了课堂互动的形式与内容。借鉴 ChatGPT 等自然语言处理技术以及教育元宇宙的创新理念，自主研发智能语言助教系统与语言学习工具，营造一个全方位、深层次的沉浸式学习环境，让学生能够在与智能助教的互动中，自然而然地提升语言能力，享受深度交互带来的学习乐趣。

5. 多样性

在构建智慧语言实验室时，应确保每一环节都紧密贴合不同教师的教学模式偏好与日常使用习惯，依据具体的教育环境和资源条件，打造出一系列技术手段多元、智慧化水平各异、功能集成模式多样化的智慧语言学习环境。为满足多样化的教学需求，每一所智慧语言实验室都应该实现教学交互的流畅性、资源的丰富供给、虚拟仿真的沉浸式体验、影音效果的震撼呈现以及远程互动的便捷性。这些实验室不仅能够为传统的语言教学提供强有力的技术支撑，还能灵活地应对外语写作精细化指导、商务英语实战演练、计算机辅助翻译技能培养、教师专业能力提升及教学研究深化等专项任务，构建起具有高度针对性和实效性的专门化语言学习空间。

二、数字语言学习系统

数字语言学习系统是语言实验室核心，源于现代教育理论下的模拟系统演变，包含数字化软硬件，集授课、管理、考试、自主学习等功能。2002 年，中国教育技术协会发布相关技术规范，推动其完善普及。系统含教师单元、学生单元及交换机等。智慧语言实验室基于此发展，数字语言学习系统依据单元结构和技术架构划分为五类。

1. 普通终端型

学生单元含终端和耳麦，不含计算机。教师单元配计算机、终端、中控等设备，功能丰富，支持口语考试、听说对比等，结构紧凑、经济实用，适合公共外语教学。

2. 嵌入式终端型

终端集成低功耗 CPU、控制器、DSP 等组件，外接键盘鼠标及显示器。除普通功能，嵌入式终端增设 USB 接口、视频点播、网络浏览等功能，性价比高，可靠性好，但兼容性有限，上网性能逊于计算机。

3. 计算机 / 终端结合型

师生单元均配备终端和计算机，构成“语音网 + 计算机网”双网结构，分为

“以太网 + 以太网”和“ATM 网 + 以太网”两种。学生用 Android 主机或 PC 机融合语言实验室、计算机教室、多媒体教室，实现计算机控制、系统点名、文件收发等功能，满足网络化自主学习和语言测试需求。

4. 纯软件型

终端运行外语教学软件于计算机教室计算机，无须专用语音硬件，兼容性好，升级容易。功能含屏幕广播、小组讨论等，适用于课堂教学、自学和语言测试。纯软件型与计算机 / 终端结合型均需大量计算机，投资大，管理复杂。

5. 云网络型

终端由云服务器、云同步交换机、云终端、云网络管理软件等组成，除基本教学功能，还具备资源分析、口语评测等功能。云网络型利用云计算技术，高效安全，支持系统切换，适用于课堂教学、自学和语言测试，但不适用对硬件要求较高的考试。

第五章　高校外语教育与信息技术融合理念及其实践教学

本章主要介绍高校外语教育与信息技术融合理念及其实践教学，从四个方面展开叙述，分别是高校外语教育与信息技术融合理念、高校外语教育与信息技术融合理念的形式、高校外语教育与信息技术融合理念的实践案例，以及高校外语教育与信息技术融合理念的展望。

第一节　高校外语教育与信息技术融合理念

一、信息技术与教育融合理念概述

在20世纪90年代中叶，互联网在全球范围内经历了一次显著的繁荣期，以此为契机，依托网络信息技术的教育信息化事业在中国也正式拉开了帷幕。进入21世纪，随着计算机网络的普及与技术升级，中国政府对教育信息化的理解与重视程度不断提升。2010年，中国政府颁布的《国家中长期教育改革和发展规划纲要（2010—2020年）》，把教育信息化摆在非常重要的位置，强调“信息技术对教育发展具有革命性影响”，并提出了“加快教育信息基础设施建设”“加强优质教育资源开发与应用，强化信息技术应用”“构建国家教育管理信息系统”的总体建设目标，2012年中国教育部进一步制定了《教育信息化十年发展规划》，把中国的教育信息化推向了一个新的发展阶段。

在《国家中长期教育改革和发展规划纲要（2010—2020年）》的指导下，中国教育部组织制定了中国教育信息化专项工作规划——《教育信息化十年发展规划（2011—2020年）》，确定中国推进教育信息化的目标为：到2020年，全面形成与国家教育现代化发展目标相适应的教育信息化体系，基本建成人人可享有优质教育资源的信息化学习环境，基本形成学习型社会的信息化支撑服务体系，基本实现所有地区和各级各类学校宽带网络的全面覆盖，教育管理信息化水平显著提高，信息技术与教育融合发展的水平显著提升。教育信息化整体上接近国际先进水平，对教育改革和发展的支撑与引领作用充分显现。

中国政府提出的“信息技术与教育教学深度融合”这一推进教育信息化的核心理念，是教育信息化的核心理念。

在教育领域的现代化进程中，教育信息化的核心使命在于推动教育的改革与发展。单纯依赖先进的信息技术基础设施和浅层次的技术手段应用，已难以满足这一深远目标的需求。随着信息技术的日新月异，其对教育的影响远超越于技术层面的简单移植，而是为教育的发展注入了新的理念和动力。因此，教育信息化的关键在于将信息技术深度整合于教育教学的每一个环节中，优化配置教育资源打破时空界限，最终实现教育效能与质量的双重飞跃。这一过程，本质上是信息技术与教育教学的深度融合。这个融合的过程体现出教育信息化的本质，即信息技术对教育改革与发展的推动作用。

此“融合”非单纯的技术堆砌，而是二者相互激发、互为支撑的动态过程。一方面，信息技术作为变革的引擎，要深入渗透至教育教学的内核，推动形成新型的教学方法和模式，其不仅优化了教学流程，更激发了教育创新的无限潜能；另一方面，要实践新的教育教学理念和模式，就要促进信息技术的不断创新与发展，以便为其指明新的应用方向与发展路径。近年来，以美国可汗学院、斯坦福大学等顶尖学府为代表的各高校大型开放式网络课程（MOOC）的兴起，正是这一融合趋势的鲜明例证。这些平台不仅实现了全球优质教育资源的共享，更重要的是，它们通过信息技术手段重塑了课程设计与教学实施，推动了学习组织方式的根本性变革，极大地提升了学生的学习动力与参与度。在这一过程中，信息技术与教育教学的深度融合，构建了更加灵活、高效的学习生态系统，也促使师生间及学生间互动模式的变化，共同推动教育向更加开放、包容、个性化的方向发展。从这些成功的案例可以看出，信息技术与教育教学的融合给教育带来的不是简单的技术或方法的改进，而是一场深刻的教与学的革命。

如今，上述目标基本已经实现。随着信息技术的进一步发展，信息技术与教育之间的融合也变得越来越紧密。

二、构建高校外语教育与信息技术深度融合的学科教学体系

（一）学科教学体系建构的理论基础

综观外语教学研究的发展进程，任何一个阶段的教育实践都离不开一定的理论指导，20 世纪上半叶受自然机械哲学影响的行为主义学习理论将学习看作机械的刺激与反应，形成了学习的机械因果论。盛行于 20 世纪下半叶的认知主义学习理论重视学科知识结构，由此产生了教学内容设计和教学过程组织策略，为传统课堂授受教学提供了理论支持。

21 世纪初，关联主义定位于数字时代的学习特性，完成了对网络时代信息化

学习方式的理论诠释，为顺应知识骤增速衰、高效更新和全社会终身学习的需要，在信息技术发展的节点时刻应运而生。关联主义得到网络结构的启迪，将人的知识结构类比于互联网信息结构，系统地解读了互联网时代知识信息发生与发展的内在规律性。关联主义以网络结构为比拟形象地指出，随着 Web 3.0 技术的实现，互联网学习者既是信息的获取者，又是信息的创建者，每一个学习者都可能成为信息网络的中心节点。由此可见，互联网正是关联主义倡导学习知识生态网络构建的根本基础与实现条件。乔治·西蒙斯的关联主义将人与社会及其知识体系均类比为网络，将学习主体与学习资源看作社会与信息网络的节点，认为学习是主体与信息节点的连接过程。关联主义学习理论在诠释网络学习的同时，提出了操作层面的个人知识管理的学习策略，为网络时代的学习提供了划时代的具体指导，对外语教学与学习方式的变革产生了重大的促进作用。

西蒙斯的关联主义观点认为，网络时代知识海量，个体心智无法承载全部知识信息，更多的知识碎片化地分散存在于网络、图书和各种人工载体之中。关联主义学习观的基本原理是：学习是连接专门节点与信息资源的过程；是能够连接不同领域和不同思想观念的技能，是获得知识的核心能力；善于建立和维护各种有效连接而形成知识流，学习比掌握单纯的知识概念可能获得更大的回报。学习是一种不断创造知识的过程，而不仅是汲取知识的过程，学习活动的宗旨是精确关注知识的现时性和流动生成性。因此，连接并不完全熟悉的领域和并不十分了解的观点，或者关联截然不同的思维方式，才能产生实质性的变化。

（二）二者深度融合教学体系的目标内涵与基本形态

20 世纪下半叶以来，信息技术日益融入日常教学之中，使外语教学与学习方式都发生了很大程度的变化。然而，几乎所有的相关研究都认为，信息技术在教育教学中尚未产生它应有的效应。其中的一个原因就是信息技术应用未能有效支持学习者实现个性需求目标，因此需要以学习者为中心构建知识整合环境，帮助学习者构建新的理解。美国教育信息化处于国际领先水平，解读《美国 2010 国家教育技术计划》（NETP）和美国教育信息化进程可以发现，教学结构变革是教育改革的根本体现，而信息技术与学科教学融合是实现教育结构性变革的出发点与最终目的。

在外语学科教学中，教师、学生、教学内容和教学媒体四个要素互相作用构成教学结构，教学结构的变革并不抽象空洞，它表现为教学结构四要素作用与关系的改变；外语学科教学涉及教师、学生、网络资源、教学平台等要素，教学结构就是这四要素的相互联系、相互作用的具体体现。所谓信息技术与外语学科教学深度融合，就是以先进的教育思想、教学观念为指导，充分利用教学单位网络与信息技术平台，建构全方位支撑集群用户访问，支持连接“云”教学与学习资源的外语学科教育环境，通过课堂面授、利用网络资源自主学习、远程支持服务相结合的新型教与学模式，真正把技术与教学实践的融合落实到师生的日常教学活动与学习活动之中，以人才培养模式变革促进师生全面发展和学习者知识能力的创新建构，最终实现外语学科教育系统的结构性变革。

就具体操作层面而言，信息技术与外语专业教学深度融合需要完成以下三个方面的基本工作：首先，需要以信息技术创设新的学习环境；其次，需要产生与之对应的新教学方式；最后，需要据此变革，进而建构全新的教学体系，最终实现外语教育系统的重大结构性变革。显然，创设新的学习环境是为了实现基于信息技术的新型教学方式，而变革传统教学结构也正是为了实现人才培养模式变革，以便最终达到培养创新人才的教学目标。只有将教育信息技术有效地融合于外语教学过程中，才可能既发挥教师主导作用，又充分满足学生自主学习需要的教学方式，从而使外语教学培养时代创新精神与实际应用能力的教学目标落到实处。

（三）能动关联双向融合的外语学科体系建构

对于信息技术与外语专业课程融合的学科体系构建，我们应当以关联主义理论为框架，系统性地重构学习过程与学习资源的整合机制。这一过程涵盖了教学流程与学习资源的设计、开发、利用等多个维度。深度融合教学体系的最终目标是提升外语教学与学习的综合质量，这就要求我们在融合实践中，必须精准把握并优化教育与教学的实施细节与操作方法，关注的是现代信息技术运用于外语教学过程的教育与教学规律。为此，信息技术与外语专业课程融合的学科体系构建，需要涉及以下研究内容：

1. 外语教学体系建构的途径与方法

信息技术与外语专业课程融合的学科教学体系建构，第一，需要探讨深度融合的本质、价值、目的和意义，进而系统化地设计与阐述深度融合背景下的外语专业教学目标体系及长远愿景；第二，深度融合的研究重心应聚焦于信息技术融入外语专业教学活动的内在机理与普遍规律；第三，本研究致力于在实践维度上，针对外语专业教学面临的具体挑战，探索并创新适应当前及未来社会需求的教学方法论，同时发掘能够广泛适用于同类教学情境下的普适性解决方案，以期实现深度融合成果在多样化教学环境中的高度适应性；第四，外语专业教学结构是学科体系构建的根本，包含教师、学生、教材与教学媒介等的关系问题，也包括专业教育与社会经济结构之间即学生未来职业应用的协调关系因素。因此，探索外语学科教育体系结构性变革的途径与方法是深度融合研究的必由之路。

关联主义理论充分诠释了数字时代外语学习应秉持的理念与原则，关联主义视域下的个人知识管理学习理念，为学习者指明了在信息海洋中获取有效资源、系统组织并持续拓展个人知识结构的方向。进一步地，云计算技术的兴起及其资源的广泛可用性，为实施这些先进的学习理念与策略构筑了坚实的基础保障。鉴于当前新一代高速互联网的蓬勃发展与数字计算能力的显著增强，网络技术已能够跨越地理与时空的界限，借助语音、视觉和触觉等多元化的感知渠道，实现全球范围内的人机交互。

鉴于这样的时代特征，创建基于关联理论与“云”资源技术条件下的“教师主导—学生主体”有机互动的教学模式，将有效地落实“学教并重”的教学理念，促进信息技术与外语学科的深度融合。在当前的教育转型背景下，教学模式向促进学生主体性发挥与个性化学习路径转变。这一变革促使教学资源发展为以教材为知识框架，辅以开放性资源库等多元化教育云资源构成的动态知识网络。在这一体系中，教师的角色发生了显著变化，他们不再仅仅是课堂内的知识传递者，而是转变为网络教学资源的精心策划者与组织者，以及泛在学习环境中学生专业知识体系建构的引导者。与此同时，学生的学习方式亦呈现出自主性增强的特征。学生根据个人兴趣与学习需求，自主设定学习目标，学习过程从以往的外界信息被动接受，转变为积极主动的信息筛选、加工与内化以及在情感体验的状态下，实现知识的自我建构与深化。综上所述，教学媒体要素的革新作为驱动力量，促使教师教授、学生学习与教学内容等整体外语教育系统发生了一系列重大的结构性变革。

2. 外语教学环境与资源平台

外语教学与学习的基本元素包括教师、学生、学习材料、扩展信息资源、学习工具和学习环境。基于关联主义的理论视野，上述外语教学与学习中的基本要素都是连接知识的节点。关联主义理论认为，知识网络由节点和连接组成，学习就是这一网络的连接过程，只有形成知识网络，知识才可能流通。因而，在不断提升“以教育信息化带动教育现代化”和“促进信息技术与外语学科教学深度融合”认识的基础上，创设有效支撑信息技术与外语专业教学深度融合的全新数字化学习环境，依托校园网络的基础设施，亟须为广大学习者搭建一个跨越国界、共享开放的“教育云”资源平台桥梁。此平台的设立旨在促进外语学习领域内的全球化互联互通，形成若干关键学习节点与紧密联结的网络。这将使教学活动实现教学空间的灵活扩展与无缝衔接。

同时，教学资源的形态将发生根本性转变，向网络空间内广泛共享、即时更新的链接资源、综合数据库等“云”端教育资源转型。这些基于云计算技术的开放、非正式教育资源，将为创新信息技术与外语学科深度融合学习环境，提供无限的可能性。

当前，全球共享非正式资源学习模式下的开放性学习资源，已得到广泛开发与使用。除美国 OER Commons 专为学习者提供了高质量、开放性、共享教育资源的知识库，当前，全球共享非正式资源学习模式下的开放性学习资源，已得到广泛开发与使用。中国、法国、英国等诸多国家的许多大学与教育组织，纷纷实施类似的开放课程行动把各自最新的成果公布于世，不仅提供免费的学术资料，还提供免费的工具，帮助教授、学者创建课程资源并开展协作互动，全球共享正式和非正式学习的教育资源数量增长快速。开放教育资源共建共享的另外一种形式是对已有开放式课件的翻译与应用，诸如国际大学联盟、中国开放教育资源共享协会等机构组织都开展了对现有课程的翻译与应用推广工作。这些公开课视频来自哈佛大学、牛津大学、耶鲁大学等世界知名学府，内容涵盖人文、社会等领域。用户可以在线免费观看来自哈佛大学等世界级名校以及国内名校的公开课课程。2012 年，新浪、腾讯、百度、豆瓣、淘宝大学、燕山大讲堂等企业和组织纷纷突出了其推出的世界名校公开课的特色。这些教育资源包含大量学习链接并提供最新开放学习项目，学习者可就此获取自己所需要的学习材料，也可上传自己掌握的资源与他人分享。开放学习资源的可接触性和易获取特性，填补了外语教学与学习常态资源的缺口，“有效地克服了既往 E-Learning 学习资源由于静态封闭而内容更新滞后的缺点，能够实现用户个性化编辑，使信息资源使用过程中大量生成的文本注释、讨论答疑及新学习内容等，实现动态生成和不断进化发展，并使生成性信息实现信息资源的持续链接共享”。[①]

3. 多元动态的外语教学评价

教学评价是对课程教学和学习效果的评判标准，要开展信息技术与外语专业融合的教学评价。首先，必须建构形成性的多元动态评价体系，由标准化、终结性评价转变为诊断性、形成性、终结性相结合，注重学习策略、学习过程及学习结果的过程性评价。尤其需要制定结构化评价工具，重视评价的客观性和关联性，注重评价学生利用信息技能解决学习问题的实践能力。为全面促进学习效能的提升，外语专业教学评价应实施诊断性评价，此环节旨在通过科学手段对学生既有的语言知识与技能水平进行客观鉴定。其次，形成性评价作为教学过程中的持续监控机制，要求教师在学生学习旅程的每一步都保持敏锐的洞察力，结合学生自评与互评，及时发现并反馈学习方法的有效性、学习态度的积极性及教学互动中的不足之处，促进师生双方及时调整策略，实现动态优化。最后，在学习的关键节点上，终结性评价则扮演着总结与认证的角色，它不仅是对阶段学习成果的量化评估，更是对学习目标达成情况的全面审视，为后续教学规划提供重要依据。综上所述，通过这些评价方式的有机结合，能够确保评价结果的全面性、准确性与有效性，更能在深层次上激发学生的学习动力与创造力，同时激发教师的教学热情与创新潜能，共同推动外语专业教学质量的全面提升。

教育部《教育信息化十年发展规划（2011—2020 年）》提出大力“推进技术与教育双向融合”的发展要求，有力推动了各学科教学改革的发展。由于外语学习知识的全球性特征，网络信息技术加速了利用教育技术促进外语教学变革的探索进程。与此同时，数字时代的学习理论——关联主义，又为外语学科体系的构建打开了一个全新的视角。在迅猛发展的网络信息技术基础上，以外语学科的交叉性特点，连接、整合和优化相关学科的理论与方法，实现信息技术与外语专业深度融合的学科体系构建，已经刻不容缓。

---

① 周文娟. 基于“云”资源的外语泛在生态学习研究 [J]. 外语电化教学，2012（4）：51.

第二节　高校外语教育与信息技术融合理念的形式

一、高校外语教育与“慕课”

“慕课”作为一种以21世纪关联主义学习理论与网络化开放教育理念为基础的大规模在线开放课程形式，其诞生可追溯至学习资源发布、学习管理系统以及将学习管理系统与更多开放网络资源融合的课程开发模式。在大数据时代背景下，慕课已不是单纯的知识信息的汇聚体，而是转变为一种创新性的知识呈现方式，它以某一共通主题作为桥梁，有效连接了散布全球各地的教育者与学习者，共同构建了一个跨地域、跨文化的知识交流与学习共同体。

（一）“慕课”概述

慕课的英文全称是Massive Open Online Course，缩写为MOOC。首先，其“大规模”特性显著，能够吸引并容纳数以万计，乃至十几万计的在线学习者；其次，“开放性”是指它打破了地域、国籍等多重界限，以学习者的兴趣为引领，让全球任何拥有学习意愿的个体都能通过简单的电子邮件注册流程加入其中；最后，“在线性”意味着慕课的学习活动完全依托互联网进行，无需物理空间的移动，也不受时间或地域限制，为学习者提供了前所未有的灵活性和便捷性。这种学习方式极大地降低了教育资源的获取门槛，促进了教育资源的全球流通与共享。简而言之，慕课是由秉持分享与协作精神的个人或组织，为了促进知识的广泛传播而精心打造的一种基于互联网平台的、面向全球学习者的、大规模且开放的在线课程形式。

慕课的特征包括：首先，它的规模大，只有那些具有大型规模的网络开放课程，才是典型的“慕课”；同时它是开放性的，慕课必须尊崇创用共享（CC）协议，也就是只有课程是开放的才可以称为“慕课”。其次，它是在线的而不是面对面的课程，这些课程发布在互联网上，人们上课地点不受局限。无论身在何处，只需要一台电脑和网络连接即可以最少的支出享受全球名牌大学的一流授课。

慕课的历史短暂，其掀起大规模在线课程风暴始于 2011 年秋，为全球各个地区的学习者所响应。2012 年这种响应程度到达一个高峰，由此，美国《纽约时报》命名 2012 年为“慕课元年”。其实，慕课并不是从天而降的神器，它经历了一个相当长的孕育发展历程。准确地说，慕课的起因应该追溯到 1962 年，美国发明家和知识创新者道格拉斯·恩格尔巴特（Douglas Engelbart）提出一项研究计划，题目叫“增进人类智慧：斯坦福研究院的一个概念框架”。在这个研究计划中，道格拉斯·恩格尔巴特强调了将计算机作为一种增进智慧的协作工具来加以应用的可能性。也正是在这个研究计划中，道格拉斯·恩格尔巴特提倡个人计算机的广泛传播，并解释了如何将个人计算机与“互联的计算机网络”结合起来，进而形成一种大规模世界性信息分享的巨大效应。自那时起，许多热衷计算机教育的变革者，发表了大量的学术期刊文章、白皮书和研究报告，他们都极力推进教育过程开放，号召人们将计算机技术作为一种改革“破碎的教育系统”的手段，应用于教学和学习过程中。

“慕课”这个术语是 2008 年由加拿大爱德华王子岛大学网络传播与创新主任大卫·柯米尔、国家人文教育技术应用研究院高级研究员布莱恩·亚历山大、阿萨巴斯卡大学技术增强知识研究所副主任乔治·西门思和国家研究委员会高级研究员斯蒂芬·道恩斯（Stephen Downes）共同设计、领导的一门在线课程《连通注意与连通知识》中提出来的。《连通注意与连通知识》课程，有 25 位来自曼尼托巴大学的付费学生，还有 2300 多位来自世界各地的免费学生，他们都在线参与了这门课程的学习。所有的课程内容都可以通过站点间共享聚合交换规范 RSS feed 订阅，学习者可以用他们自己选择的工具来参与学习，如用 MOODLE 软件包参加在线论坛讨论，发表博客文章和参加同步在线会议等。

慕课中最有影响力的是 Coursera、edX 和 Udacity“三巨头”。Coursera 是目前规模最大的慕课平台，拥有将近 500 门来自世界各地大学的课程，虽然良莠不齐，但胜在门类齐全；edX 是哈佛大学与 MIT 共同出资组建的非营利性组织，与全球顶级高校结盟，其系统源代码开放，课程形式设计自由灵活；Udacity 是创立最早的慕课平台，以计算机类课程为主，课程数量不多却极为精致，以具有许多专为在线授课而设计的细节而著称。其他慕课平台也纷纷崛起，Stanford Online 是斯坦福大学官方的在线课程平台，课程制作可圈可点；Novo ED 由斯坦福大学教师发起，以经济管理及创业类课程为主，重视实践环节教学；FutureLearn 由英国 12 所高校联合发起，聚合了全英许多优秀大学课程；Open2Study 是澳洲最大慕课平台，课程丰富并在设计和制作上狠下功夫；Iversity 是来自德国的慕课平台，课程尚且不多，不过在课程的设计和制作上思路很开阔；WEPS 由美国与芬兰多所高校合作开发，开设多门数学课程，授课对象包括开设院校的在校学生，课程内容符合教学大纲要求，考试合格者可获得开设院校所认可的该课程学分。

（二）"慕课"的覆盖范围与教学形式

慕课作为一种课程模式，根植于关联主义学习理论及网络化开放教育理念，其构建基础体现了对教育边界的深刻拓展。其课程范围广泛，不仅深入覆盖数学、统计学、计算机科学、自然科学与工程学等多个科技领域，且正稳步向社会科学与人文科学领域延伸。慕课并不授予学分，也不直接纳入本科或研究生学位教育体系之内，而是一种独立的知识获取与提升途径。尽管如此，慕课在结构上依然遵循了传统高等教育的循序渐进原则，精心设计知识体系层次，旨在引导学生逐步提升认知水平，最终达成高级专业人才的培养目标。大多数慕课采取免费开放策略，然而，对于追求特定学习认证的学习者而言，部分大规模网络开放课程可能会收取一定的认证费用。此外，尽管慕课课程通常对学习者不设前置条件，但所有课程均会设定一个大致的学习时间表，定期专题的形式对课程知识展开讨论。

即使最小的课程结构，通常也会安排每周一次的讲授、问题研讨以及提供阅读建议等。

在当前的慕课教育模式中，每门课程均融入了密集的小测验机制以及期中和期末考试，考试成绩的评定方式往往采取同学互评，即每位学生的试卷由同班级的 5 位同学进行评分，随后取这些评分的平均值作为最终成绩。此外，慕课平台还积极鼓励学生组建线上学习小组，也推荐学生与邻近的同学组建面对面学习小组。这样的个性化教学，不同层次、不同能力、不同兴趣爱好的学生都可以在其中找到自己的位置，得到相应的教育。

（三）"慕课"外语教育应用

"慕课"只用了短短几年时间，就在全球教育版图上激起了前所未有的"数字海啸”，这一壮观景象深刻根植于其核心理念——将世界上最优质的教育资源送达地球最偏远角落，这一愿景迅速赢得了全球各地学习者的广泛认同与热烈响应。在新的教育理念、尖端网络科技技术以及社会迫切需求的共同推动下，“慕课”犹如一股不可阻挡的时代洪流，席卷全球教育领域，引起了国内外教育界的普遍关注。借助“慕课”所展现的教学理念，我们应当以更加开放和前瞻的视角，审视并把握外语教育的未来走向。

1.“慕课”给外语教育带来的挑战

慕课给外语教育带来的第一项挑战是促进了外语教学资源优胜劣汰、重新分化组合，出现强者愈强，弱者愈弱的局面。弱势教学将承受各方面的制约，甚至面临生存危机。

第二项挑战是教育成本与质量优化的问题。慕课通过消除时间与地理的界限，使单一课程能够吸引成千上万乃至数百万学习者的参与，此举显著降低了课程提供方与学习者的经济与时间投入成本。此外，慕课不仅承载传统标准化教育内容，更积极探索并实践满足个性化学习需求的创新教学策略，有望实现教育成本削减与教学质量提升的双重目标。鉴于此，高校亟须把握当前网络技术的浪潮，主动迎接变革挑战，开发更加丰富多元、引人入胜的外语教学新模式，以吸引并保持学习者的兴趣与参与。

第三项挑战是在慕课时代背景下，教学改革的必要性与可行性。慕课模式的兴起，预示着一种全新的教学与学习关系的构建，这将是对传统教育模式的重大重塑，引领着教学与学习进入一个深度融合、高效互动的新时代。

总体来说，慕课在给外语教育带来挑战的同时，它本身也面临着巨大的挑战。教育的核心是育人，是让学生成为快乐、智慧和对社会有用的人，因此，慕课课程不仅要开设学科课程内容，还要有包括德育课程内容在内的一整套相对完备的课程体系，需要强调“课程育人”的重要性，要通过这样的教育理念使教学回归教育原点再出发，从课堂教学走向课程育人。要打造让教育走进学生心灵的慕课，就要倡导教师成为教育的研究者，而不只是教学的思考者和执行者。并且，执行这样的理念需要有专业的团队进行长期的研究及切实地引领和实践。为此，慕课课程不仅需要研究和实践，还需要专业化的管理和研究。

慕课课程必须重视教与学之间的动态平衡，需要以尊重人的生命发展需要为出发点，目的是为学生的学习注入动力、激发学生的学习活力，让学生自己去实现学习的目标。因此，这样的课堂需要成为“引力场”“思维场”“情感场”，最终发展成为人的“生命发展场”。

2. 以“慕课”挑战为契机推进外语教学变革

面对变化多端的“世界社会形态”和扑面而来的“大数据”热潮，当前在线开放的 MOOCs 逐步演化成研究型 MOORs、混合实验型 MOOL、混合学习型 Meta-MOOC 和 DLMOOC、自主学习型 xMOOC 和 SPOC 以及协作学习型 DOCC 和 PMOOC 等多种在线开放学习模式，今后还将产生更为多样的针对具体学习问题求解的 MOOCs。这种服务于各自不同的教学目的、教学层次和教学对象，多样而并行不悖的 MOOCs 课程亲缘形态并存，说明全球范围内对 MOOCs 的反应已由狂热逐渐趋于理性。MOOCs 风靡的背后透射着深刻的时代性、需求性，对于我国大学来说，需要在分析研究 MOOCs 过程中认清我国教育的时代使命，反思教学本然的价值和教学观念，顺应大数据时代教学变革思路将开放教育资源与传统课堂创造性地结合起来，使外语教学课堂真正跨入大数据的信息化时代。

MOOCs 是 21 世纪以来高等教育领域中令人震撼的突变现象，其孕育、形成与风靡的过程正是网络时代至今持续酝酿着的信息大变革。这正是世纪科技发展的自组织系统内部所形成的随机扰动，使高等教育系统本身远离平衡态，从而形成一个系统整体的“巨涨”。这一变化，终将直接导致高等教育系统进入不稳定态而跃迁生成新的稳定有序的耗散结构。由此，在全球网络革命的浪潮下，人类知识的构建范式、管理手段及获取途径均经历了前所未有的转型与革新。关联主义理论的奠基人西蒙斯指出：传统知识存储机制的多数知识仅处于“知道关于”（Knowing About）和“知道如何做”（Knowing to Do）的基本层次；而网络时代的知识在这样的认知基础上，更包含了“知道成为什么样”（Knowing to Be）、“知道在哪里”（Knowing Where）和“知道怎样改变”（Knowing to Transform）。MOOCs 的产生与发展，是向一种更加灵活、包容、多向度知识流动模式的探索与迈进。因此，面对这一教育变革，我们亟须把握机遇，以 MOOCs 的蓬勃发展为契机，推动外语学科乃至整个教育体系的教学改革。这不仅要求我们在教学内容、方法及评价体系上实现根本性转变，以适应网络时代知识传播的新特点，更需我们深入思考如何在保持教育核心价值的同时，融入创新元素，促进学习者全面发展，尤其是培养其在信息爆炸时代所需的自主学习、终身学习及创新变革能力。

二、高校外语教育与“翻转课堂”

（一）“翻转课堂”概述

翻转课堂（Flipped Classroom），也称颠倒课堂，教学过程分为知识传授与知识内化两大核心阶段。翻转课堂模式要求教师依据教学计划，预先布置课前预习任务，鼓励学生充分利用各类开放教育资源，在课前自主学习并初步掌握基本概念与知识要点。随后，在课堂上，通过与教师和同伴的积极互动，促进知识的深入理解。大数据时代的网络共享开放学习资源为翻转课堂创造了良好的资源条件，翻转课堂模式也因此成为信息技术与学科教育深度融合课程改革的重要途径之一。

翻转课堂是一种创新的教学模式，其核心在于学生预先通过教师提供的多样化数字化学习材料，包括音频、视频、电子教材等，进行自主学习。随后，在课堂上，学生在教师组织的互动中积极参与，共同探索知识，并完成既定的学习任务。此模式起源于2007年，由美国教育家萨尔曼·可汗通过网络视频实践并获得显著成效，其所创立的可汗学院所实施的“翻转课堂”教学，更被加拿大的《环球邮报》评选为“2011年影响课堂教学的重大技术变革”。近年来，翻转课堂在国内外教育领域引起了广泛关注，其作为信息技术与教育深度融合的产物，不仅颠覆了传统的教学流程，更深刻体现了以学生自主学习为中心的教学理念。翻转课堂通过引入教学视频作为教学媒介，提升了教学效能，这是教育理念与教学方法全面革新的必然结果。作为传统教学模式的有效补充与提升，翻转课堂为我国乃至全球的教学改革提供了宝贵的经验与启示。

翻转课堂并不是在线课程，也并非用视频替代教师，而是一种高度强调师生互动的教学模式。它为学生创造了明确的学习时间和空间，使学生能够在自我掌控的学习节奏下，获得更加个性化和高效的学习体验。翻转课堂所展现出的积极教学效果，已获得社会广泛认可。

首先，翻转课堂的优势在于将学习的主导权真正交还给学生，极大地增强了师生间、学生间的交流与合作，从而充分激发了学习者的内在动力与创造力。这一模式不仅促进了知识的有效传递与吸收，更在深层次上推动了学习方式的转变与升级。“大数据”时代的来临，高度发达的网络传输和计算机技术造就了“慕课”教学和学习形式，也使尝试中的翻转课堂教学获得了一定的教学地位。翻转课堂将传统课堂教学内容放到课后，学习者利用教师提供的资讯自主安排知识学习，其主体地位得以体现，学习也更加主动与有效。

其次，翻转课堂模式重塑了学习观念与态度。在这一教学框架中，学习内容的设计往往是基于问题的，紧密围绕学习者的个性化兴趣与需求展开，促使学生的学习行为从被动接受转为主动探索。学习者在遵循教育机构设定的总体学业目标的基础上，充分利用教师精心准备的学习资料或学习资源路径，独立进行知识体系的建构与个人能力的提升。教师角色随之转变，他们将传统课堂中的直接讲授与练习环节重构为丰富的学习资源和待探索的问题集，并将其提供给学习者，此举不仅赋予了学习者更大的学习自主权，还增强了其学习责任感与持久的学习动力，对学生独立思考与问题解决能力的培养起到了积极的推动作用。

最后，翻转课堂通过将知识学习的重心移至课后，有效地降低了学生对教师直接指导的依赖程度。这一变化促使学习者更加积极地寻求同伴及多元化学习资源的帮助，从而激发了他们主动构建学习网络、与学习伙伴深入交流讨论的意愿。这一过程不仅确保了学习任务的顺利完成，而且无形中加强了学生在人际交往、组织协调以及团队合作等方面的素质能力，为学生的全面发展奠定了坚实的基础。

（二）“翻转课堂”模式要素

1. 课前教学内容传达

课前教学内容传达是有效教学的基础。在当前我国翻转课堂实践的背景下，教学内容的传达主要依托于数字化视频资源与纸质学习导引材料两大载体，其中，教学视频通常被视为翻转课堂课前教学的基本方式。在视频制作之前，深入剖析教学目的，明确学习需求。这一过程要求教育者对比多种教学方法，权衡利弊，审慎判断视频教学是否确为当前情境下的最优选择。一旦视频教学被认定最为适宜的教学手段，接下来的工作便聚焦于如何克服技术层面的挑战，以实现视频效果的最大优化。

对于初试翻转课堂的教学而言，使用现成视频是最佳选择。一方面，教师可省去制作视频的时间和精力；另一方面，教师面对陌生事物的心理压力也容易影响录制，最终影响学习效果。因为录制视频是面对计算机自言自语，与授课面对学生有着完全不同的感觉，尤其数字技术对外语学科教师来说也会存在一定程度的困扰。因此，如果能够得到高质量制作的本门课程视频，无疑是一种便捷的替代方式。使用现成视频的另外一个好处是能够使学生意识到他们本可以通过其他渠道获取他们所需要的信息，使他们意识到学习是他们自己的事情，搜集信息对学生而言是非常重要的学习手段。

视频制作并非单纯使用摄像机录制课堂实况，虽然这是相对简便、有效的制作方式，但是有更便捷的方法来制作用于翻转课堂的教学视频。简易的翻转课堂视频制作常用的软硬件有录屏录音软件、电脑、手写板、麦克风等。通常使用录屏软件来捕捉电脑屏幕上的幻灯片演示和电脑操作轨迹等内容，同时利用麦克风来录制讲述的音效，手写板如同白本上的书写效果，音频编辑软件则用以对录制的声音进行加工。除了这些技术层面的视频制作手段需要成熟，视频画面质量也需要重点关注。

在确保教学内容足量的前提下，尽量使教学视频短小精悍。当代大学生生活在信息时代海量信息和超快节奏的生活氛围当中，短、频、快是他们的不二选择。学生更喜欢短小精悍的视频，每个视频只讲授一个知识点，讲词汇构成，如简单词“like”这个词根，前面加前缀“dis–”就变成词根的反义词，后面加后缀“–ness”，就变成名词形式，不涉及其他。时间“长度约十分钟，从最基础的内容开始，以由易到难的进阶方式互相衔接”。视频过长或内容过于繁杂则往往事倍功半。除了演示教学内容，视频声音也是吸引学生学习注意力的一个重要选项。因此，视频讲授的声音需要具有一定的感染力，对于外语语言教学来说，发音音色尤其重要。录制视频时教师面对毫无反应的电脑往往难有激情，因此更要设法使自己的声音表现生动。美国科罗拉多州教师乔纳森·伯格曼曾试着以多种口音讲课，使学生觉得很有趣，这在视频中增添了幽默元素，无形中吸引了学生的注意力。

英语视频学习的有效性很大程度上取决于学生的听力水平，因此，外语视频中需要适当添加疑难词汇和特殊表达法的文字注释。适当的文字注释在适度弥补学生听力水平不足的同时，可避免对内容的误解，但不宜提供完整的音频脚本，以免学生过度依赖文本而阻碍听力理解能力的提高。

2. 课堂组织

首先，外语导读等课程适合在计算机网络中心进行，是当前最适宜翻转课堂教学模式的一门课程。此模式下，学生要在课外时间自主完成课程基础知识的学习，而课堂时间则专注于教师针对课程重难点进行的引导性解析与疑难解答，随后进行即时的在线测试以检验学习成效。计算机中心为这一过程提供了全面而强大的技术支持，测试结束后，学生可自由访问丰富的网络学习资源、背景知识及相关信息，通过自我比对与分析测试结果，进一步促进自主学习能力的提升。

其次，外语课程因其独特的语言与文化双重属性，其学习目标呈现出从初级阶段的识记与理解，逐步过渡到高级阶段的综合应用与评价这一递进趋势。因此，在指导学生学习过程中，不仅要强调语言知识的记忆与文化现象的理解，还需精心策划学习活动，鼓励学生运用已有知识框架去分析、理解目标语言背后多样化的文化背景，以此深化学习层次。

最后，外语学习领域尤为倡导使用个体学习与合作学习相融合的学习模式。个体学习模式能够有效促进学生完成识记与领会等基础教学目标。然而，在追求更高层次的综合应用与认知发展时，则必须通过双边乃至多边的合作学习与互动，方能有效地达成教学目标。

3. 学习效果评价

在翻转课堂教学模式的实践中，评价方法是衡量其教学效果的关键因素。该模式个性化学习测评的核心依据在于教师依托课堂进行的形成性评价。这一机制要求教师凭借丰富的教学经验，及时且敏锐地洞察学生对知识掌握的程度，实施即时的测评与反馈。此类即时的评价与指导不仅能迅速纠正学生对知识的误解，还能基于学生个体差异，量身定制学习建议，促进个性化学习的深入发展。翻转课堂教学评价领域尚未形成统一的标准化模式，应根据学生的独特性灵活调整教学策略，提供针对性的引导。此外，构建多元化的学习成果展示平台亦是不可或缺的一环，这有助于学生建立积极的学习心态。

综上所述，翻转课堂教学模式不仅激发了学生的自主学习意识，还强化了其团队合作精神与合作能力。但是，没有一种教学模式是完美无缺的，翻转课堂在我国高等教育领域还有更多广阔的空间有待拓展，需要广大外语教育工作者脚踏实地地研究与实践。

（三）“翻转课堂”外语教育应用

1. 英语听说课程的“翻转课堂”

近年来，众多高校在本科英语听说课程的教学实践中，广泛采纳了“自主学习＋小班口语辅导”的教学模式，该模式依据学生的听说能力差异，灵活调整自主学习环节在总课时中的比例，使之占据40%～50%的份额，促进了学生课前预习与课后巩固的自主性，强化了他们在大学英语自主学习中心及校园网资源环境下的独立学习行为。这一教学模式的深入实施，实质上是翻转课堂理念在高等教育领域的生动实践，它鼓励学生依托丰富的教学资源和先进的学习平台，展开个性化、按需定制的网络化学习旅程。自主学习中心作为这一教学模式的核心支撑，涵盖了广泛的英语教学资源，拥有着系统的教学和学习平台。教学系统不仅集成了学习轨迹追踪、作业提交与反馈等先进功能，还配备了严格而高效的学习管理机制，确保了学习过程的系统性与针对性。值得一提的是，自主学习资源库涵盖了英语电影电视剧资源库、通识学科知识资源库等丰富的内容。

一般小班口语辅导由教师准备学习资料，侧重辅导和训练学生学习口语，授课量可根据学生语言能力，掌握在总课时的50%～60%。辅导内容包括语音知识，如英语音标、重音等。口语课也应讲授口语句型，如观点询问与表达、插话等。但是，为了在口语课堂中为学生提供更多的英语输出的机会和时间，教师应要求学生课前和课后针对听说课程积极能动地自主学习。

2. 英语精读课程的“翻转课堂”

大学英语教学改革自2004年启动以来，已历经二十载春秋，引入“翻转课堂”理念被视为精读课教学模式革新的关键契机。实现精读课的“翻转”教学，需要两大步骤：第一，确立清晰的教学目标，据此设计视频教学内容与形式，确保其既符合教学目标，又能根据学习者的差异性灵活调整，同时兼顾多样化的学习习惯；第二，组织课堂活动，主要是组织高质量学习活动，确保学生在课外通过视频学习后，能在课堂上有效运用并深化所学知识。

翻转课堂模式下的精读课程视频旨在深度剖析课文内容，通过充分发挥教学团队中各位教师的专业特长与资源优势，实现分工合作的高效教学模式。具体而言，每一教学单元或单篇课文由指定的专任教师负责视频制作与主讲，确保内容的专业性与针对性，同时，这些视频资源作为整体教学系统的一部分，实现跨单元的资源共享与互补。

在课程准备阶段，学生被要求以课程视频为核心学习材料，进行自主预习，促进学生个性化学习路径的形成，践行因材施教的教育理念。同时，鼓励学生间开展合作学习与小组讨论，以增进互动与理解。进入课堂环节，教学活动聚焦于学生对课文理解的深化与讨论。教师角色转变为引导者，利用课堂时间组织学生进行课文内容的阐述与讨论，自身则主要负责解答学生疑问，提供必要的指导与帮助。此外，精读课还积极探索并融入项目式学习模式，项目式学习的方法指导、实施步骤等被精心录制成微课程视频，便于学生在课外时间灵活观看，从而推动课外小组合作学习的顺利开展。合作项目式学习的内容可围绕课文词汇与理解的深化、课文背景知识的拓展，乃至社会调查实践等多个维度设计，这些学习内容的选择取决于学生学习的需要。

精读“翻转课堂”由教育者将学生划分为4～5人的学习小组。课堂上，各组学生被赋予明确的任务，即以小组为单位，在限定的6～10分钟时间内，系统展示并阐释他们通过合作学习对精读课文核心主题的探究成果与所遇到的挑战。此教学模式的实践反馈显示，学生对于这一基于小组合作探究的精读教学策略持肯定态度。学生普遍认为，尽管合作学习是在团队环境中进行的，但它非但没有削弱个体的自主探究能力，反而有效激发了个体自主学习的内在动机与潜能。在多次循环往复的探究与辨析过程中，学生不仅能更深刻地理解课文内涵，还培养了他们面对问题时的敏锐洞察力与解决能力。同时，通过实际的语言运用，他们的英语表达能力得到了实质性的锻炼与提升。

还可将小组合作探究活动的成果，如PPT等成果上传到校园网站，利用Moodle等网络教学辅助平台等其他方式实现交流共享。精读“翻转课堂”的教学设计在应用“翻转”理念的同时，还要贯穿关联主义个人知识管理的理论，以便全方位地培养和锻炼学生自主学习和自主知识建构的整体能力。

3. 英语写作课程的“翻转课堂”

《英语写作》所面临的一个教学挑战就是课堂时长的有限性，这一现实条件往往导致讲解与实践之间存在着显著矛盾。为有效应对这一难题，亟待探索并实践一种融合课内与课外学习的新型教学模式，即采纳“翻转课堂”的教学理念。通过翻转传统的教学流程，激励学生在课外阶段主动展开自主学习，从而在课堂上能够更高效地利用有限的时间进行深入的探讨与实践活动。

《英语写作》课堂的“翻转”，首要步骤在于预先将涵盖写作基本原则、主题句构建技巧及段落展开策略相关学习材料上传至学生专用的学习平台，确保学生能够依托教材与这些详尽的学习资源，在课外时间自主完成预习与初步学习。随后，课堂时间则专注于教师的深度讲评与对学生自学成效的针对性指导，根据实际需要，教师可选择在课堂内即时安排或延伸至课外布置适量的写作任务，以实践并巩固所学的写作方法。此教学模式的实施，不仅显著提升了课堂教学的效率与质量，还卓有成效地促进了学生英语写作自主学习与表达能力的自我培养与提升。例如，图表作文写作课前教师将详尽的备课资料发到布置作业平台，要求学生自学并从网络、报纸、杂志上寻找感兴趣的、有现实意义的、适合写作的图或表，课堂上教师依据学生事先的学习状况，进行提纲挈领的讲解和指导，然后指导学生根据图表作文的写作要求和常用句型，完成图表作文。

本课程不仅侧重完成英语写作训练，更侧重引导学生将写作实践融入现实生活语境，从而在实际应用中锤炼写作能力。同时，通过英语写作的学习过程，促进学生关注、反思与理解社会生活的方方面面，进而提升其人文素养。为达成此教学目标，课程设计要求学生在课后积极、主动地搜集并筛选相关资料，自主选定写作主题，并自学图表作文所需的学习素材，鼓励学生选择与社会、校园热点问题紧密相关的作文题材。在完成初稿后，采用创新的评价模式：首先，学生通过网络平台提交至批改网进行初步的自动化批改与修正，历经多次批改修正；其次，组织同学间互评互改活动；最后，教师根据学生的综合表现及作品质量，给予审慎而全面的评价。

（四）“翻转课堂”外语教育的思考

外语翻转课堂作为一种新兴的教学模式，其核心在于深度融合了信息技术与外教学，其本质在于促进外语教学理念的根本性变革、教学流程的重组以及思维模式的革新。

尽管翻转课堂模式被誉为“教学革命”，其实际效果远不及此，而是高度依赖于学校、教师及学生等多方面因素的协同作用。

第一，学校的态度是翻转课堂能否顺利实施的关键前提，包括管理模式的适应性、教学设施的完备性以及管理层的政策导向，均会对翻转课堂的教学效果产生影响。尤其是在我国高等教育环境下，网络硬件条件的限制可能成为翻转课堂推广所面临的一大障碍。同时，教学方式的变革、教师评价机制及学生评价体系的调整均需得到学校管理层的理解与全力支持。

第二，外语教师的教学理念与专业素养，直接决定了翻转课堂实施的效果与深度。若教师未能树立正确的教学理念，翻转课堂易流于表面形式，难以触及教学改革的核心。外语翻转课堂教学模式的兴起，迫切要求教师进一步提升其专业素养与综合能力，以适应这一新兴教学模式的需求。翻转课堂不仅要求教师掌握制作视频等现代教学技术，以解决技术层面的挑战，更需教师在课前精心设计课堂互动环节，以促进学生实现自主学习与高效学习的深度融合。因此，教师更需要端正心态，善于与学生共同研究和解答学习问题。此外，引导学生自主学习也将成为外语教师的基本素质需要。

第三，对于学生而言，翻转课堂需要学生具备较强的自主学习意识和能力。翻转课堂作为一种创新的教学模式，其显著特征在于教师角色的转变，将课堂的主导权交还给学生，使学习过程更加个性化、自主化。在此背景下，学生的自我管理能力与自主学习能力成为翻转课堂成功实施的基石。学生需展现出高度的自我调控能力，以自主规划学习进度，合理安排时间，确保学习活动的有效进行。翻转课堂的实施还带来了学习场景的转变，即知识学习的初步阶段由课堂延伸至课外，这一变化给学生增加了自主解决问题的机会。面对学习过程中的难题与困惑，学生需展现出强大的任务导向意识与挫折耐受力，这不仅是其自控能力的体现，更是其学习意志与坚韧性的试金石。

一些心理耐受力较差的学生会在全新的学习方式面前出现问题。此外，学习环境呈现复杂性也会使学生感到不适。翻转课堂教学环节包括：教师根据教学目标分解任务后制作的相关支撑学习的材料提供给学生进行自主学习，然后在课堂进行汇报、讨论、答疑、评价和总结。翻转课堂要求学生始终主动吸取知识，否则便难以获得知识和能力的提升。翻转课堂将知识直接传授转变为引导学生自己获取知识，课程的重点迁移到了课外，课堂仅提供思想碰撞空间，并且使这种思想的碰撞逐步引向了更深的层次。这对于学能不足的学生来说是一种一时难以适应的学习困境，也是教师教学和学校教学管理所面临的一项严峻挑战。

三、高校外语教育与“微课程”

微课程并非指为微型教学而开发的微内容，而是以在线或移动学习方式实现的相关内容教学。微课程通常指有具体结构的大约60秒长度的课程展示，并不仅是简单的演示。“微课程”最早由美国新墨西哥州圣胡安学院的高级教学设计师、学院在线服务经理戴维·彭罗斯于2008年秋首创。戴维·彭罗斯把微课程称为“知识脉冲”。戴维·彭罗斯因此被人们戏称为“一分钟教授”。

（一）“微课程”的作用与意义

微课，作为一种教学创新模式，其核心在于以视频为主要媒介，精心构思，并呈现教师围绕特定知识点或教学环节的精简而完整的教学内容。其中，“微视频”依据具体“学科知识点”与“教学环节”的需求进行精心设计，是微课概念精髓之所在。在外语教学领域，微视频课程代表了学习模式的新篇章。它旨在满足学习者在特定情境下的自主学习需求，通过微视频资源的有效利用，实现了网络学习活动的综合展开。同时，这也是教师依托网络平台，针对特定知识点或教学环节实施教学活动的全面体现。这种以“微视频”为展示形式的“微课程”，显著地体现了外语教学中所追求的真实性、情境模拟性及案例教学的优势，其特点是主题突出、短小精悍、资源丰富、情境真实、易于交互、使用便捷。总之，微课程是一个围绕明确教学目标，集视频、音频、文字、图片、动画等多种媒介于一体，深入剖析并阐述某一问题或知识点的教学过程。相较于微课，微课程在系统性上更为突出，能够更好地与传统课堂教学相融合，将学习任务分解成若干知识“碎片”，帮助师生实现轻松愉快的教学与学习。

在教育实践领域的演进历程中，微课作为一种教学创新形式，其定义与功能经历了显著的深化与拓展。起初，微课被构想为单纯由微型资源组成的学习片段，而后逐步演变为一系列简短而精炼的教学活动序列，这一过程丰富了其形式，更深化了对其教育价值的认识。最终，微课升华至“微课程”这一高级形态，其核心特征在于以微视频为核心媒介，构建出一种全新的在线网络学习范式。这一转型标志着对微课理解的全面升级与体系化构建，体现了教育理论与实践融合的不断深化。“微课程”概念的提出，不仅拓宽了微课原有的概念边界，还显著增强了其功能性与应用性。“微课程”以其灵活性、便捷性和个性化特点，成为促进社会公民进行外语自主学习、实现个性化学习路径的有效工具。

“微课程”已越来越多地被研究者融合于正规与非正规的外语教育之中，成为“大数据”时代外语教学和学习不可或缺的课程方式。

（二）“微课程”的类别形态

我国微课程的应用目前正处于初步探索阶段，其凭借内容的精炼与便捷的泛在学习特性，势必成为人们终身学习的普遍学习方法。现阶段，微课程主要呈现出以下三种典型形态：第一，PPT 型微课程，该类课程依托常规的 PPT 演示文稿构建，融合文字、音乐等多种元素，通过自动播放机制转换为视频形式。此类课程结构简洁，通常控制在 5 分钟左右。第二，讲授式微课程，此类型微课程由教师依据特定教学模块进行授课并录制，随后经过精心的后期编辑转换，形成时长约 10 分钟的视频教程。第三，情景剧式微课程，这类课程在制作上更为复杂，借鉴电影拍摄手法，组建专业团队对课程内容进行剧本化设计，包括脚本撰写、导演选定、演员安排及场景布置等环节，最终通过后期剪辑完成。其视频长度通常不超过 20 分钟。

清大世纪教育集团世纪教育研究院联合国内多所知名学校的资深教师，创新推出“提分微课程”系列精品。该课程采用“题型精析—方法传授—考点归纳”的综合教学模式，聚焦高频考点，深入剖析解题策略，高效总结知识要点，以“短时长、低成本、快提分”的优势，打造出一套适用于当代学生学习需求的高清视频课程体系。另外，有一种较为智能化的微课程，相较于传统微课程，其显著区别在于融入了智能诊断与提分功能。

总之，微课程是各学科、各种类小知识点课程的统称，尽管微课程有很多表现形式，但其共同特点是重视学习引导，强调微处入手和快乐学习的教育理念。微课程为提高学生学习兴趣、挖掘学生学习潜能开创了当代教育全新的课堂文化。基于这样的课堂文化，微课程尤其专注于学生良好学习习惯和能力的培养，注重依据学生素养，依据学生行为模式和学习习惯，提出因势利导的针对性知识授受方案，引导学生逐步形成自主学习的意识与能力。当前，微课堂探索出的课内、课外教学创新模式，已成为实现《国家中长期教育改革和发展规划纲要》和各学科教育改革的急先锋，被普遍关注与应用。

（三）“微课程”外语教育应用

外语微课程基于“翻转课堂”模式而构建，针对不同学习对象，通过提供导学视频，展示交流学习成果，探讨学习问题，帮助学习者有效地掌握相关课本中的经典篇章，提高英语语用能力。课程依照教材分成若干知识点形成的结构，并逐课进行视频导读，就知识逻辑演绎深入讲解，而后在微课程的课程讨论区展开学习难点探讨。课时一般依据教学内容数量和难度，可分配为 10 分钟左右不等。

微课教学通常可分若干个模块，如词汇教学：每堂课学习一词，根据构词法——前缀、后缀、词根，教会学生如何扩展一词，词汇在不同语境具有不同含义，并且词根加前、后缀，词性会有所变化。

第一，针对大学生考级考试需要掌握的核心词汇进行拓展练习，可采用选词填空、连接同义词、解释词义、用词造句等各种形式反复操练一词，直到彻底掌握此词的用法。

第二，口语主题教学，根据一个单元的主题，讲述一项内容、一个生活场景、一个热点等，采用 Warming up，Listening and Discussion，Speaking out 等形式，调动、鼓励学生开口说英语，联想丰富，场景生动，扩展了英语学习知识面，利用网络资源，丰富口语教学情景。

第三，考级考试培训，根据考试题型，详细讲解英语语言基本知识点，注重训练听力、阅读、翻译、写作等方面的解题技巧和方法。

综上所述，外语微课程的设计与实施可采纳多元化模式，其教学手段展现出高度的灵活性，通过音视频同步技术的运用，能够构建出丰富多样的学习场景，显著提升学习者的接受度与参与度。此外，微课程依托开放式平台，实现了便捷的加入机制与灵活的学习时间安排，为学生充分利用碎片化时间进行高效学习提供了可能。

为了有效地达到预设的教学效果，微视频需要认真设计；由于时间很短，尤其需要紧扣主题，采用健康的生活或文献材料，既能使场景生动，还能使其以点带面地拓展外语文化知识面，并确保教学及时得到沟通反馈。

当前，微课程的设计与开发正处于关键发展期，亟须在课程概念界定、教学理念创新、目标受众细分等方面，形成一套系统完备的理论框架与操作规范。微课程的制作应紧密围绕不同的教学目标，凸显其独特的教学特色，力求在知识传授与技能培养上实现高效与精准。同时，微课应与“教、学、研”深度融合，而非简单的辅助教学功能。

第三节　高校外语教育与信息技术融合理念的实践案例

一、师范专业

本书以《大学英语》课程中的一节课为例，论述信息化教学课程设计，所用教材为《全新版大学英语听说教程》，课程主题为音乐，课程的教学目标分为三部分，即知识目标、能力目标、素质目标。知识目标是使学生掌握与音乐相关的英语词汇与句式结构，能够用英语流畅表达他们对各类音乐和不同歌手的看法。能力目标是让学生掌握 PPT 制作技能，并利用所学的英语词汇介绍自己喜欢的音乐家及作品。素质目标是增强学生的交际自信，培养他们的合作精神和乐观心态。课程的教学对象为一群学习热情高涨且热衷于课堂互动的经贸英语专业新生。考虑到这群新生对信息化教学方法非常感兴趣的心理特点，课程主要依靠信息化手段开展，教学重点为音乐类英语词汇与表达方法的深入学习，教学难点为帮助学生掌握精准传达个人音乐偏好的英语口语技巧。

为实现教学目标，教师可利用虚拟情境体验实训室开展教学。该实训室分为两大功能区，前端配备了操作台、投影仪等设备，为师生间的即时沟通与协作提供了便利；后端则配备了蓝箱与电视大屏幕，当师生步入蓝箱区域，便能融入虚拟背景之中，享受身临其境般的学习体验。实训室内置 30 余套 3D 模型虚拟场景，这些场景能与现实拍摄的人物动态画面融合，体现了情境教学的核心理念。此外，学生还需自备笔记本电脑与智能手机等工具，以便在课前与课后进行自主学习，完成课程作业，全方位巩固其学习成果。

（一）课前准备模块

教师可以借助朗文交互英语学习平台布置课前预习任务，发布学习资源，帮助学生自主学习并构建知识框架。教师可以在课前一周发布下次授课的相关内容，通过多样化的学习活动，如听力训练、视频观看、PPT 制作及拓展演讲等，满足不同水平学生的需求，确保每一位学生都能在团队协作中得到全面锻炼。具体来说，教师可以在平台教师端设置“作业”与“资源”两大板块。教师可以在作业板块中发布预习任务：从基础的听力练习，如识别连接词、补全音乐相关词汇的短文听写，到提升口语表达能力的“分享最爱歌手与歌曲”话题讨论，再到难度较大的 PPT 制作与主题演讲，借助不同类型的任务激发学生的主动学习欲望。在资源板块，教师可以为学生提供相关的音频、视频等丰富材料，为学生自学提供有力支持。

学生可以通过平台 PC 端或移动端访问朗文交互英语学习平台，获取预习指南与时间规划。他们可以根据个人的情况灵活安排时间，反复听音频，深化理解，在课前构建起对新知识的认知框架。此外，围绕教师设定的主题，学生可以在小组内展开讨论，通过沟通与交流深化个人理解，提升团队协作及口头表达能力。这一教学模式不仅能为学生创造自主探索的机会，更能激发他们的学习动力。学生在课前的充分准备能有效提升课堂听讲效率，为后续深入学习奠定坚实的基础。

（二）课堂教学模块

课堂教学模块可分为三部分，具体如下：

1. 教学目标和教学重难点介绍

课程开始时，教师的首要任务是检查学生的自学成果。教师可以通过评估学生自学任务的完成情况，与学生共同探讨本单元的核心知识点及重难点，明确教学目标与教学关键环节。在此过程中，教师不仅要向学生解释清楚教学步骤，还要鼓励学生分享自学心得，通过互动问答的形式掌握学生在预习阶段遇到的问题。学生通过前期的小组协作学习及在朗文交互英语平台上的预习，已初步构建起基本的知识体系，对即将深入学习的目标及重难点有了更为清晰的定位。

2. 依托手机微信平台进行词汇与句型练习

当课程进入词汇与句型学习阶段，教师可以将讨论话题与学习内容相结合，引导学生发散思维，随后利用微信平台设计句型练习活动，鼓励学生积极运用新学词汇与句型，通过反复模拟实践，提升语言运用能力，并最终将练习成果以发言的形式提交至班级微信群。例如，练习句型“I have a stronger preference for...than”，学生可以将自己满意的练习成果发送到班级微信群与同学和老师交流，教师也可以利用微信平台即时点评学生的发音。学生在将语音信息发送至微信群后，可随时反复点击收听自己的发音信息，结合教师的点评，逐步纠正发音错误和其他问题。这种利用手机微信平台进行句型练习的方式，有效避免了面对面交流时可能产生的尴尬情况，能帮助学生克服开口难的问题。如此一来，学生能够充分练习有关句型，表达对音乐的认知，从而提升自己的语言能力和音乐素养。

3. 引入虚拟情境体验教学系统，让学生在其中进行主题演讲

这部分体现了课程的最大特色，即通过创设虚拟情境，让学生在接近真实的环境中锻炼演讲技能。首先，学生依据课前预习的要求，精心准备演讲内容与配套PPT。其次，教师激活虚拟情境系统，并根据课程需求设定相应场景。学生则依次进入蓝箱这一特殊装置，开始他们的虚拟演讲。在此过程中，外部摄像机会将学生的演讲与后台模板背景进行实时合成，为学生提供一种身临其境的演讲体验。学生仿佛置身于真正的演讲舞台，这种方式能极大地提升学生的参与感和学习动力。为进一步提升教学效果，系统还具备实时录制功能，能够将学生的演讲活动完整记录下来。教师可以即时观看这些视频资料，对学生进行直观、具体的点评。这样能使学生直观地认识到自己在发音、语调等方面的不足，进一步提升演讲能力。最后，视频资料还会成为学生的宝贵学习资源，他们可在课后反复观看，针对发音、仪态等方面的问题进行自我纠正，实现对所学知识的内化与巩固。

（三）师生交流模块

在课程的最后阶段，教师应对课程进行总结，并布置课后作业。在这一阶段，教师可利用朗文交互英语学习平台发布课后作业，设置课后作业完成时间，通过这种方式帮助学生重温课程内容，进一步巩固所学知识。

（四）讨论与启示

1. 信息化课堂的设计理念与教学效果

信息化课堂的设计理念是运用现代信息技术对传统教学模式进行革新，此过程以职业教育领域的“行动导向”教学理论为指导。具体来说，信息化课堂设计应采用情境教学法、任务导向法及项目驱动法等多种教学策略，构建富有互动性的教学体系，为学生搭建起一个自我探索与成长的广阔舞台。这一设计理念的核

心在于，通过营造多元化教学环境，全面提升学生的英语视听水平、自主学习力以及社会适应力。

在实践过程中，可以巧妙运用了朗文交互英语平台、手机微信平台及虚拟场景体验系统等现代化信息化工具，确保信息技术的深度介入，彰显了信息化技术在教育的创新价值。同时，信息化课程设计紧密围绕学生这一主体，积极推行翻转课堂、移动学习及个性化自学等新型学习模式，有效提升了教学质量。

信息化课堂的课后反馈显示，学生对于虚拟情境体验系统表现出浓厚兴趣，认为其提供了一个逼真的展示平台，帮助他们在实践中锻炼表达能力，逐步增强自信心。此外，朗文交互平台与微信群的便捷性也获得了广泛认可，学生表示愿意将其作为日常学习的一部分，持续利用这些工具提升语言能力。翻转课堂与移动学习模式的引入，极大地激发了学生的参与热情，使得课堂讨论、主题演讲等活动成为学生巩固知识的有效途径。

2. 对今后信息化教学的启示和努力的目标

（1）信息化教学手段的高效应用

信息化教学设计的核心在于运用现代信息技术与数字化资源达成既定的教学目标。教师在应用信息化手段时，必须紧密围绕教学目标，切忌形式上的堆砌，要确保教学设计能满足学生的实际需求。因此，在课堂教学筹备阶段，教师需要审慎评估教学内容与目标的契合度，并依据现有教学设施条件选择适宜的信息化技术，避免盲目运用信息化技术，忽略其服务于教学的本质。

（2）构建与发展本学院公共英语信息化平台

在信息技术迅速发展的大背景下，利用信息技术搭建一个开放的教育资源共享平台，加速优质教育资源的普及与共享，已成为时代赋予我们的紧迫使命。学院应以公共英语课程为依托，结合信息化时代下企业对学生外语能力的新需求，整合现有平台资源，打造集教学、测试、竞赛、科研及培训功能于一体的先进信息化平台。该平台旨在推动公共英语教育的革新，通过资源共享与协同建设，实现英语教学质量的飞跃，减轻教师负担，充分利用现代科技优势，共享顶尖教育资源。

（3）打造高素质的师资队伍

面对信息化课堂带来的全新挑战，教师要不断提升自我，不仅要熟练掌握各类信息化教学工具，更要具备将信息技术与课程内容深度融合的能力，以科学、合理的方式设计教学方案。为此，教师应增强信息化教学意识，保持紧迫感，积极投身于现代信息技术的学习中，不断提升自身信息化教学能力，以适应并引领教育信息化的浪潮。为有效推动教育信息化进程，各学校应构建一套完善的激励机制，激发教师群体积极投身信息化教学变革。具体来说，各高校可以定期举办信息技术培训班，增强教师运用现代信息技术工具开展教学的能力。同时，学校应积极构建信息化教学展示与交流的平台，支持教师参与信息化教学竞赛，促使教师掌握新技术，并将其融入教学实践，推动整体教学质量的提升与教育模式的创新。

二、非师范专业

（一）商务英语

近年来，中国经济的蓬勃发展促进了跨境电商行业的繁荣，中国与全球范围内的各个国家展开了前所未有的广泛商业交流。跨境电商行业的繁荣使就业市场对具备综合能力的商务英语专业人才的需求显著增加，许多企业都需要精通商务知识，熟悉国际商业环境，擅长跨文化沟通，并熟练掌握商务英语听说读写技能的高质量人才。基于此，培养更多的高素质商务英语人才已成为各院校的当务之急。

在这里，通过截取商务英语听说课程中的一课“酒店登记入住”作为案例，在翻转课堂的理论基础上，运用现代信息化教学手段，包括课前学习平台——速课平台、课中的希沃平台、班级优化大师、智能手机、英语配音软件等信息化手段，设计了一堂40分钟的课，以实现让学生听懂并正确说出与办理酒店登记入住相关的基本信息，培养学生从事涉外酒店接待的实践能力以及培养学生团队合作学习精神，增强学生从事涉外服务工作的服务意识等目标。

教学主题：Checking In 办理酒店登记入住。

教学目标包括如下三个方面：

第一，知识目标：复习巩固办理酒店登记入住相关的单词：check in，registration 等，掌握相关句型：I'd like to check in 等。

第二，能力目标：能够听懂并正确说出与办理酒店登记入住相关的基本信息，培养学生从事涉外酒店接待的实践能力。

第三，情感目标：培养学生团队合作学习精神，增强学生从事涉外服务工作的服务意识。

教材分析：本课选自科学出版社出版的中等职业教育“十一五”规划教材《商务英语听说》Unit 3 Hotel Service 中的 Checking In。本课程旨在培养学生具有较强的语言表达能力，掌握不同商务场合中基本的语言表述，而本单元酒店服务则是着重帮助学生从事涉外酒店服务类工作时，能够运用所学英语知识开展酒店服务活动，培养学生从事涉外酒店接待的实践能力。

教学方法：采用任务型教学法。设置任务，通过课前速课学习平台微课预习、希沃白板平台、班级优化大师、希沃授课助手、视频、游戏、二维码、问卷星测试、英语趣配音 App、PPT 等信息化手段，引导学生学习，突破教学重难点，完成任务。

教学环境：多媒体教室、希沃一体机、智能手机。

教学过程如下：

1. 课前

（1）教师活动

教师利用班级优化大师平台将班级分成 4 组，每个小组 4 人；教师在微信群发布任务，要求学生提前练习，并熟悉配音流程；布置课前学习任务，要求学生登录速课公众号，提前预习，学习课件以及微课。

（2）学生活动

熟悉小组成员，为小组合作学习做好准备；下载软件，并熟悉流程，配音次数 + 配音结果将作为本门课程的考核项目之一；学习微课（办理酒店登记入住的基本流程、句型），熟悉课程内容。

2. 课中

（1）教师活动

第一，运用希沃白板设计单词配对游戏，引导学生复习所学单词，设计单词消消乐游戏。

第二，总结回顾办理酒店入住的基本流程，学习每个流程常用的句型，过程中加入视频环节，练习学生听的能力；对小组的回答进行同伴评价和教师评价。

第三，播放办理酒店入住相关的微视频（教师课前录好，视频中人物会说一句答句，学生要根据所学内容根据答句抢答问句）；播放每一个视频后让学生抢答句子；手机微信群发布任务，设置职业场景，即教师设置了一个办理酒店登记入住的场景并发到班群，倒计时 5 分钟让学生练习。

第四，播放 App 英语趣配音中关于办理酒店入住的相关视频；分享该配音链接至微信班群；提醒学生拿出手机、耳机，每个人利用该软件进行配音。

第五，发布测试的二维码以及链接，让学生扫二维码或打开速课公众号，进入“我的课堂”测试。

第六，复习办理酒店入住的相关单词、短语、句子、对话；公布本节课通过几轮竞赛获胜的小组，给予奖励。

（2）学生活动

第一，小组派代表进行单词配对游戏比赛，复习所学单词，小组 PK 进行单词消消乐游戏比赛。

第二，掌握办理酒店入住的基本流程；通过小组抢答活动，熟悉掌握每个步骤常用的句型；观看视频，分析视频中人物遇到的问题及解决方法；倾听同伴评价和教师评价。

第三，看视频，小组合作抢答问题；阅读场景，两人为一组，协力编制对话并进行英文对话练习；练习结束后，两人为一组录制对话的过程，并发送到班群上，为下一部分展示做好准备。

第四，观看视频，熟悉句型；打开软件链接，进行配音练习；将配音结果保存并转发到班级微信群上，给教师以及同伴评价；展示其中一名学生的配音视频，并进行点评。

第五，扫二维码进入本节课的测试；测试结束之后，学生可以看到同班同学的分数排名，以及检查自己的答案。

第六，复习办理酒店入住的相关单词、短语、句子、对话；获悉获胜的小组名单。

3. 课后

（1）教师活动

及时进行教学反思，检查学生作业。

（2）学生活动

第一，完成课本上的练习 2～4。

第一，观看微信群上同伴的对话视频，配音视频，扫码投票选出前三名“最佳拍档”“最佳配音员”。

（二）日语

2001 年，加拿大阿尔伯特大学马克斯·范梅南教授的著作《教学机智——教育智慧的意蕴》问世，智慧课堂随即兴起，课堂教育开始了智能化转型。教育界开始重视智慧化教学设计、教学实践创新、师生关系的智慧化调整及教学方法智慧化。

智慧课堂以建构主义学习理论为指导，强调“情境”“协作”“会话”“意义建构”。它巧妙融合了“互联网 +”思维，运用物联网、大数据、云计算等先进信息技术，构建了一个贯穿课前、课中、课后的智能化教学生态系统。这一系统不仅支持混合式教学，还实现了教学过程的深度智能分析，通过实时反馈、多模态互动及个性化资源推送，促进了学生的主动学习及合作探究。

智慧课堂的精髓在于多模态环境下协作探究的高效性，以及对教学大数据的精准分析与应用。它倡导通过智慧的教与学，打破时空限制，实现学习的泛在化、自主化与合作化，让每个学生都能充分了解并掌握自己的学习情况。

此外，智慧课堂还拥有“资源共享”“实时资源推送”“即时反馈评价”“学习过程追踪记录”等功能，为教学质量的持续提升提供了强大支撑。智慧课堂鼓励学习者采取创新思维型学习方式，实现从被动接受到主动探索的转变。

《综合日语》课程运用的基于“雨课堂”的智慧教学模式，正是对构建主义学习理念的成功实践。该模式紧密围绕建构主义四大要素展开，教师利用智能视频语料库精选教学素材，在真实语境中开展词汇与句型教学；同时，积极组织学生开展协作学习与小组讨论，激发学生主动学习的热情。课外，借助“雨课堂”平台，教师能够即时掌握学生的学习情况，实现精准辅导与个性化教学。

《综合日语》的智慧教学流程为“三阶段十环节”，这一流程将学生的学习过程细化为三个核心阶段与十个具体环节，通过科学规划优化学生学习体验，促进学生语言能力的全面发展。具体来说，“三阶段”包括“课前”“课中”“课后”三个阶段，而“十环节”分别为预习测评、学情分析、教学设计、语境教学、问题学习、实时检测、总结提升、课后作业、自主学习、总结反思。

1. 课前

在课程开始前，教师可以通过“雨课堂”平台为学生提供预习资料，包括视频、课件、题目等。学生可以随时查阅这些资料，利用这些资料进行课前预习。在学生完成了教师提供的题目后，其成绩、排名及题目的正确答案都会公布，学生可以及时纠错，教师也能利用大数据及云计算技术掌握学生的答题情况，明确课程的难点，制定出更合理的教学方案。

2. 课中

本阶段的核心在于师生间的积极互动。

首先，就语境教学而言，针对学生在词汇搭配和句型运用上的不足，教师可利用视频语料库中的精选片段进行细致讲解，着重解答学生在预习中遇到的难题，帮助学生攻克重点及难点。

其次，在问题导向的学习模式下，尤其在课文分析与翻译环节，教师可以借助“雨课堂”平台的“投稿”功能，鼓励学生广泛参与课堂讨论，提升学习主动性。此外，教师可利用“雨课堂”的“发红包”机制，对翻译表现优异的学生进行即时奖励，以此激发学生的学习动力。同时，通过“弹幕”功能，师生能够即时交流意见，增强课堂的互动性和趣味性。

再次，在实时检测环节，学生完成学习任务后，教师可以即时通过手机发布测试试卷，设定时间限制，促使学生全神贯注答题。提交后，学生可以在手机上查看正确答案与试题解析，实现高效检测。

最后，在总结提升阶段，教师可以利用手机平台查看并分析学生的错题情况，对难点进行深入剖析与讲解，并补充类似题目进行巩固练习，以此深化师生互动，同时培养学生的创新思维能力。

3. 课后

课后阶段的核心在于学生的自主学习。

在这一阶段，学生可以充分利用“雨课堂”平台上的视频、课件等资源对每课的重点内容进行回顾。教师可以借助平台为学生布置课后作业，鼓励学生自主完成，在学生完成作业且平台自动批改之后，教师可以掌握学生的答题情况，并通过私信的方式对不同学生开展个性化辅导，帮助他们解决疑难问题，巩固所学知识。

第四节　高校外语教育与信息技术融合理念的展望

一、智慧外语教学

智慧外语教学作为教育领域的一项创新举措，深度融合了人机协同、自然语言处理及语料库技术等先进技术，以此优化学生的语言学习过程。具体来说，它依托互联网技术构建起智慧教学平台，模拟真实语境，打造线上、线下相结合的智慧课堂环境，实现了教学管理的数据驱动化。这一创新举措正是对“双循环”新发展格局下国际人才培养需求的积极响应，也是推动科教兴国、人才强国战略不可或缺的一环。当前，在互联网、人工智能等先进技术的驱动下，教育模式正经历着前所未有的变革，知识的获取与传授方式、教师与学生的关系均发生了很大变化。信息技术的不断进步使其与教育教学的融合愈发紧密，以人工智能为核心的智慧教育不仅丰富了教师的教学方法，还催生了众多新型教学模式，正逐步构建起一个集网络化、数字化、智能化、个性化、终身化于一体的教育新生态。在这一背景下，智慧外语教学无疑会为外语教育信息化改革注入新的活力。

（一）智慧教育的生态特征

在教育管理领域，智能化教学系统巧妙地整合了大数据资源，为教育管理流程与决策提供了强有力的数据支撑，进而促进了教育管理效率与水平的提升。通过构建基于智能化与数据化的教学诊断体系，该系统还提升了教学质量保障体系的稳健性，实现了教育政务信息系统的深度整合及政务信息资源的广泛共享。

就教学管理而言，随着信息技术与教育教学的深度融合，信息化教学环境的创新研究与实践也在不断取得新的成果，毫无疑问，信息化教学环境有利于增强学生的信息化学习能力。在信息化教学环境中，大数据成了学生自我监控的关键工具，促进了智能化、数据化学习生态的形成。智适应技术与学习分析技术则通过对学生学习行为的精准分析揭示了学生不同学习行为背后的内在规律，为教师的教学决策提供了科学依据，并实现了对学生学习需求的精准识别与教学服务的个性化定制。智适应平台能够基于学生的能力评估结果为其制订学习计划，精准推送学习资源，帮助学生进行个性化学习。

在教学评价领域，智能技术与大数据技术的应用使得学生学习行为分析、学习档案建立、能力评估及学习成绩预测成为可能，教师可以利用这些技术实现对学生学习全过程的动态监测与评估。这对于推动教育管理的信息化与个性化、教学科研的深入与教学决策的优化提供了有力支持。

在教学能力目标上，由于科学与技术推动传统产业不断迭代，催生新业态、新模式，学生的职业能力结构也必然随之调整，体现相应的时代特征、技术特征。在“互联网 +”教育生态下，自适应学习、自主探究式学习将成为主要的学习方式，这要求学生具备较强的信息素养和学习能力。信息能力将成为智能化网络时代的一项基本技能，在外语学习中，学生也需要掌握如何应用信息技术有效地、批判性地获取和使用信息。使用网络技术工具进行探究、组织、评估与交流是“互联网 +”教育主要的教学方式。因此，在“互联网 +”教育时代的外语能力呈现多元结构特征，是建立在信息能力、学习能力基础上的，包含应用信息技术学习外语的能力、语言能力（语言知识、技能）以及语言应用能力，即在主要工作场景综合应用外语解决问题、完成任务的能力。

（二）智慧教育能够推动外语教学变革

人工智能技术可以研究和模拟人类思维，深度学习技术将赋予机器和系统更高的智能。一方面，人工智能技术可以对人类语言学习的过程及其心理机制、语言与思维发展的关系和规律进行深度研究，在语言学习的理论与范式上实现突破。近年来，技术发展有力促进了认知语言学、语料库语言学、心理语言学等语言学理论与信息化教学的融合发展与创新，推动了智慧语言学习平台、智慧课堂、在线资源的发展，正在塑造新型的语言学习生态。另一方面，人工智能技术可以模拟语言以及言语场景，实现智能驱动的语言教学。例如，基于语料库、应用机器学习和自然语言技术建立模型与算法，可以对特定行业语言的特征及其用法进行归纳；利用数据采集技术可以诊断学习者的语言学习状况，并提出学习建议。“写作之星”“批改网”等基于语料库、云计算技术开发的英语写作自动在线批改软件逐渐在教学实践中被推广使用。利用虚拟现实、增强现实技术可以创设交际情境，提高人与虚拟语言环境的互动，以多模态人机协同技术、知识图谱、学习分析技术等构造虚拟智能助教和导师，辅助教师开展知识教学和练习，让教师更专注于情感和创新智能发展，将推动大数据驱动教学、人工智能辅助语言教学的发展。智慧外语教学塑造全新的语言教学生态。

在线外语教育是智慧教育的主要应用场景之一，雨课堂等平台都致力于提供外语在线教育服务。充分将信息化教学技术与外语学科教育和管理融合，探索“互联网 +”教育背景下的新型外语教学模式，将成为推进高校外语教学改革，解决学生外语应用能力培养中存在问题的有效途径。

（三）智慧外语教学系统

智慧外语教学系统包含智能教育技术支撑、智慧教育学习和智能动态测评三大子系统。

1. 智能教育技术系统

人工智能中心和数据中心构成智能教育技术的支撑层，应用人机交互、自然语言处理、智能搜索、学习分析、智适应等技术建立小型语料库，支撑智慧教育学习层面。数据中心包含学习者信息数据、学习行为数据、电子学习档案、职业能力测评数据等内容，通过知识建模、行为建模、教学决策建模以及评价建模，以强大的计算力支持全程数据记录、存储、分析、评价和报告，支持自适应学习和在线社区交流，同时为教学设计提供决策依据，支持信息化、数据化教学诊断与改进，是智能化教学质量保障体系的技术基础。

2. 智慧教育学习系统

（1）自适应学习模块

该模块主要包括在线口语练习与测试、在线写作与评阅、在线翻译练习、在线测试与诊断、在线智适应学习等模块，具备智能诊断和推送功能，能对学习者的学习特点进行分析，对其知识、能力进行诊断并进行聚类和分组，为学习者提供分析报告、学习策略、学习方案建议，智能推送学习资料，“一人一案”，实现个性化教学。

（2）课程及资源模块

该模块是智能教育学习平台的内容模块，由线下课程中心与线上课程和资源中心组成，共同形成 O2O（Online to Offline）智慧学习课程体系，即实现线下教学网络化、信息化，管理与评价数据化，线上教学对线下课程教学进行延伸和拓展，构建包含线上线下混合课程、线上独立课程的综合课程体系，推动信息化翻转教学，实现线上、线下互动与反馈。

（3）在线学习社区

该社区支持在线直播教学，实现在线课程、教学资源与直播教学系统间的自由切换与调度，融合教学管理、在线数据化智能监控、测评功能。开展在线社区活动，如在线学术沙龙、在线英语角，以人机交互技术支持智能化互动、多模态多媒体互动、虚拟互动、人机协同交互，塑造在线交互式学习、社区沟通场景，构建云语言实践社区。

3. 智能动态测评系统

该子系统是一个融合政府部门、学校、教师、企业、社会等多元主体的开放系统，是学校智慧教育系统的一个重要子模块，与社会需求测评系统、教育教学过程测评系统、人才培养质量测评系统对接，通过现代教育测评技术和教育大数据技术，从学习行为、课程与教学、职业能力三个维度，对学习者、课程与教学、教学管理等进行综合测评，进而形成从社会需求到职业能力培养目标、评价标准、过程动态测评、终结性职业能力测评的智能化教育评测体系，具体包括课程评价、教学评价、学习评价（自评和互评）、电子成长记录、技能测试与职业能力评估。学习行为评估包括应答分析、技能测评结果、学习参与度、知识掌握度、测试成绩及其分析，所有数据可即时进行可视化呈现，反馈给学生、教师、教学管理者，并作为教学管理、教学模式优化、教学决策调整的依据。课程及教学评价主要基于学生对课程、教学满意度、教学评价，以及学生实际的学习模块选择、学习行为过程、学习效果等数据，获得学生对课程、教学、教师的评价信息，从而对课程进行优化和再设计，调整课程顺序、提高学习效率。电子成长记录记载学生学习过程中的各类成果数据、测试成绩、评价数据，是重要的过程性评估手段。同时，将学生参与各类外语技能竞赛、涉及外语应用的专业技能竞赛、外语及专业证书考试等纳入测评，丰富评价维度，提高能力评价的信度。通过构建评价模型，利用智能技术、VR/AR 技术创设典型职场情境，对学生的外语学习能力、外语应用能力，特别是职场中应用外语综合解决问题、完成任务的能力进行综合测评，并给出阶段性测评报告，进行学习预警、提示和建议，构建一个多维度、过程性评估与终结性评估结合的外语职业能力动态评估系统。

（四）智慧外语教学改革的内容与路径

1. 重构 O2O 课程体系，实施线上、线下翻转教学

要解决供需矛盾，首先要从供给侧发力，提供系统、优质的服务内容。有限的规模化课堂教学侧重学生学习方法、学习能力、基础语言能力的培养，个性化学习必须建立在自主学习保障基础上。通过构建课外线上课程体系，大力建设在线教学资源，创造一个线下课堂与在线课堂相结合的平行课堂，实施线上、线下翻转教学，充分发挥智能教学平台的教学辅助功能和自适应学习功能，才是实现规模化教学与个性化学习结合的可行路径。例如，在大学英语教学中，可结合专业人才培养定位和学生学习差异，开设公共英语课程、专门用途英语（ESP）、学术英语、跨文化交际、中国文化特色课程、区域文化等“必修 + 选修”的线下英语课程，推动课程体系建设，分别制定教学目标、授课方案以及差异化评价标准。线上课程分为线上、线下混合课程和线上独立课程两部分。前者要按照翻转课堂教学需求，即线上课前课后自主探究、协作学习，线下教师课堂分析、辅导、项目协作的教学模式，根据线上、线下教学需要整体设计、建设课程内容和资源，如公共英语线上课堂，以微课、课前任务、课后拓展课程、自主练习等为主，内容围绕线下课程主题进行广度和深度的拓展。线上独立课程可以开设西方文化课程、中高级职业应用英语课程、ESP 系列课程、课程思政系列等，要求学生根据自身英语基础和需求自行选学，同时借鉴学分银行模式，进行学分改革，以提高学生自主学习线上课程的积极性。

通过构建“必修课程 + 选修课程”“线下课堂 + 线上自适应学习”“外语技能课程 + 职场外语课程”的外语课程体系，为学生自主学习提供技术支持平台，提供可行的课程内容和资源，让学生有条件学，有内容可学。

2. 探索“直播 + 辅导”的线上线下混合教学

在线直播已经成为知识传播的一个重要方式，目前已在自媒体、电子商务等场景中被广泛应用。随着 5G 商用提速，视频、直播将成为通信和网络社交的主要形式。近两年，在线直播成为快速发展的在线教育商业应用场景，市场快速涌现了众多英语在线教育品牌。直播实现了一对一、一对多的互动教学，“把传统

课堂搬到了网上”，构建起完整的“课程 + 资源（文本、音视频）+ 直播”的在线教育场景。接下来，5G 和人工智能技术将成为在线教育变革的突破点，“AI+ 在线课堂”会成为 5G 商用时代主流的信息化教学形式。在线课堂既可以与线下课堂教学结合，构建平行课堂，实施 O2O 的翻转课堂教学，也可以集成现有以慕课为基础的在线教学资源，结合在线互动学习社区，实现直播授课、互动交流、教学资源推送、自适应学习、在线评测，从而构建独立的在线学习空间。

利用线上直播，可以衍生出如下教学模式：

（1）在线“视频 + 直播 + 电子文本”翻转教学

通过网络布置课前任务，安排学生开展课前视频（微课、慕课）学习，然后实施直播授课，讲解重难点知识，进行核心技能实训操作示范，讲解项目要求，分解与部署任务，学生进行课后拓展、探究学习，完成练习、技能操练，提交作业或项目成果。

（2）“直播 + 线下指导”双师授课

优选骨干教师组建教学团队，集体备课，根据教学资料制作、主播授课、线下助教等任务需求进行分工协作，实施网络直播授课，对重难点知识、核心技能、操作流程等进行讲授。线下教师小班指导，共同完成技能操作，进行项目答疑，指导实训项目的实施，成果汇报与评价等。

（3）校企异地直播，校企双师授课

由企业人员在企业车间、办公室、工厂等工作场所进行直播，由校内教师在课堂指导学生学习和操练，这种方式可以有效实现企业资源共享，解决外语教学与外语应用场景脱节的问题。尤其对酒店、景点讲解、商务接待等具有鲜明场景特征的职业，通过直播方式可以让学生有代入感，将语言学习与语言应用场景充分结合，提高学习效率。

直播课程将极大地丰富高校外语教学形式，在选修课、课外自主学习辅导、个性化教学、技能竞赛指导、项目教学中发挥重要作用，将教学课堂拓展到课外，构建以“课堂教学 + 课外线上自主学习 + 直播辅导 / 教学”的信息化翻转教学模式。

3. 开源共享，加强在线课程资源建设

信息化教学改革的一个重点在于加强校企合作，以开源共享的方式进行在线课程资源建设。在互联网教育初期，在线教育资源以考题（模拟题、真题）、复习资料、学习经验总结、知识归纳、电子版教材书籍等文本资料为主，这类资源现在已经逐渐进入付费使用模式，限制了高校的教学应用。随后，在教育部政策引导下，各级学校建设了大量在线精品课程、慕课、微课等资源。在线教育商业快速发展，企业也开发了大量的慕课、微课、动画等产品和内容，视频产品呈量级增长，在线教学功能显著提高。学生可以根据在线课程资源和教学视频开展以自学为主的网络学习，在线教育进入"资源＋视频"模式，涌现了一批优秀的在线教育平台，如网易公开课、中国大学 MOOC、清华在线等。

随着云技术、大数据、AI 技术的应用，在线教育逐步进入以教学功能为主、在线资源作为支撑的时期，涌现了一批智能教育平台，能够提供智能批改、拍照搜题、人机跟读、语音矫正、在线作文及批改、在线口语练习等服务。商业教学资源建设已经远超过学校开发的课程资源。知识共享模式，尤其是自媒体、付费分享，激励个体在网上发布大量的短视频、微课、慕课、图片、文本资源，网上教育资源呈现泛在、分布式生产和快速迭代的特点。

但是，在线职业教育，尤其是职业教育在线课程、资源建设，仍是一个薄弱环节，其中职业外语类在线资源则更少。未来制约大学智慧教育发展的将不是技术因素，而是在线课程、在线资源建设问题。针对这些问题，首先，高校应与在线教育公司、出版社积极开展合作，共建共享，开发适用于大学院校的在线精品课程，以微课、慕课、动画、图片库等形式加强在线写作、在线口语练习与测试、在线英语职业技能测试、试题资源库及在线综合能力测试等建设。其次，通过开辟在线互动社区，鼓励学生进行在线外语写作互动、线上英语角、师生互动交流，探索利用视频、直播等形式开设网络课程，开源合作，以用促建，在使用过程中生成大量的课程资源，采集大量的数据支撑模型和算法优化，提升智能化水平。

二、人工智能外语教学

人工智能拥有极强的学习能力，正驱动着教育领域的快速革新。为顺应新时代教育发展的需求，加速教育领域的数字化转型并提升教育质量，我国许多教育工作者已积极投身于教育新型基础设施的建设工作之中。

（一）外语教学和人工智能研究领域高度契合

外语教学的四要素为听、说、读、写，这与人工智能技术的三大研究领域——语音处理、图像处理、文本分析十分契合。当前，人工智能在外语教育领域的应用广泛依托于四类关键技术：第一，自然语言处理技术，包括机器理解、机器翻译等，能够帮助人们进行语言交流；第二，人机交互技术，包括语音识别与合成、情感互动等，极大地增强了学生学习过程中的沉浸感；第三，知识图谱技术，利用这种技术可以构建语义网络，为学生制定个性化学习方案，实现“因材施教”；第四，生物特征识别技术，包括指纹、语音及面部识别等，保证了学生学习环境的安全性。

随着人工智能外语教育产品在市场上的普及和在教学实践中的广泛应用，外语教育业已成为产业智能化转型中的领跑者，其智能化程度得到了显著提升。这一变革深刻影响了外语学习者的学习习惯，尤其现在的孩子，他们自幼便接触智能手机等数字设备，习惯于通过智能化手段获取并利用数字化学习资源，有着独特的信息技术使用习惯。面对丰富的外语学习资源，如何有效筛选资源来满足个人的独特需求成为外语学习者面临的新挑战，许多人选择借助人工智能技术进行筛选。在此背景下，人工智能技术的准确性与可靠性成了许多人关心的话题。

越来越具有颠覆性的人工智能教学产品，为外语学习者和教师带来了新的机遇和挑战。师生都需要提升对人工智能的认知程度，了解人工智能如何与“教”“学”高效结合。

（二）人工智能赋能外语技能教学

外语教学的核心内容包括听、说、读与写四大基本技能。其中，听作为外语学习的第一步，其重要性不言而喻。当代人工智能技术已能够实现实时语言翻译，这一突破能帮助学生跨越语言理解障碍，加深他们对语言知识的理解。如今，油管（YouTube）、TED 演讲（TED Talk）官方频道、各类英语学习应用以及每日听力平台均配备了双语实时翻译功能，为学生进行听力练习提供了很大帮助，让他们的学习过程更加顺畅。

在口语学习上，AI 技术同样展现出了非凡的潜力。借助语音识别与语音合成技术，学生能够与智能语音系统互动交流，有效提升口语表达能力和听力理解水平。这些智能系统不仅能即时纠正学生的发音错误，还能根据标准发音提供个性化反馈，帮助学生优化口音，增强表达的准确性。

阅读作为外语学习的重要输入环节，对学生理解外语来说至关重要。选择合适的阅读材料能有效激发学生的阅读兴趣，提升其阅读能力。如今，人工智能阅读应用已具备了强大的智能推荐功能，能够根据学习者的词汇量、年龄及阅读偏好，精准推送合适的外语阅读材料。同时，在阅读过程中，智能翻译工具的实时辅助更能为学生提供支持，使他们充分享受阅读的乐趣。

在写作学习方面，人工智能同样发挥着不可替代的作用。借助自然语言处理（NLP）和机器学习技术，人工智能写作助手如 Grammarly 等能够在用户键入时提供实时拼写建议，有效提升文章的准确度和流畅度。此外，如作文批改网等平台还具备机器批阅和查重功能，进一步提高了写作练习的效率和质量。

综上所述，人工智能技术在外语教学中的应用为学生提供了前所未有的便利，它不仅促进了学生听、说、读、写四项基本技能的全面发展，还极大地激发了学生的学习兴趣和积极性。

（三）人工智能赋能外语教学活动

教学活动由备课、授课及评价三大核心环节构成。随着人工智能技术的融入，这三大核心环节都发生了重大变革，深刻体现了“以学生为中心”的教学哲学。

1. 人工智能技术提升了教师备课过程中资源整理工作的效率

借助知识图谱技术，AI 能够精准筛选、高效整理信息，为教师提供海量的教学资源，极大地缩短了教师寻找适宜课程素材的时间。各类学术数据库的广泛应用彰显了人工智能技术在数据整合方面的巨大潜力。不仅如此，AI 还能基于学生的个性化学习数据，为教师量身打造备课方案，确保每位学生都能获得与其学习水平及学习需求相匹配的教育资源。

2. 人工智能在提升课堂教学效果方面展现出了非凡的能力

智能白板、虚拟助手等 AI 辅助工具能让教师的知识讲解更加直观生动，同时提供实时反馈，优化学生的学习体验。AI 系统能够深入分析学生的学习历史和学习能力，生成定制化教学内容，帮助学生实现个性化学习的目标。

3. 人工智能推动了自动化评估

利用自然语言处理与机器学习技术，智能评估系统能够迅速而准确地评判学生的作业完成情况，并即时提供个性化的反馈，帮助学生优化学习策略。当前，无论是高考英语口语考试，还是雅思、托福考试，均开始运用人工智能评分系统。大数据平台可以通过分析学生的考试成绩与学习行为，精准识别学生的知识短板，为教师提供科学的教学建议。AI 还能根据学生的学习表现，动态调整测验难度，确保评估结果更加贴近学生的真实水平。同时，通过对学习数据的深度挖掘与分析，AI 还能预测学生的学习成绩，为教育工作者提供决策依据，以便及时采取干预措施，促进学生的全面发展。

（四）人工智能自适应学习系统实现“因材施教”

在学生的个性化教育需求越来越强烈的大背景下，将人工智能融入外语教学是大势所趋。借助人工智能技术，学生可以进行高度个性化的自主探究式外语学习。人工智能凭借其极强的数据分析能力，可以依据学生的学习进度、个人兴趣及学习风格，为学生精准推送定制化的学习材料与学习方法。通过深度剖析学生的学习数据，人工智能可以为学生量身打造专属学习计划，助力学生提升外语学习效率。

人工智能可以为学生提供海量的个性化学习资源。基于对学生学习行为及偏好的细致分析，人工智能可以为其推荐最合适的外语学习内容和学习方法。英语语音评估、自动化作业批改、习题个性化推荐、分级阅读材料以及智能学情与情绪分析等功能，均可以提升学生的学习效率。ChatGPT 等先进工具可以通过生成基于生词的故事，加深学生对词汇的理解与记忆。此外，人工智能可以扮演个性化学习顾问的角色，为学生提供针对性建议，并解答学生学习上的疑惑。虚拟图书馆、在线课程平台等为学生提供了海量资源，可以满足学生多样化的学习需求。

人工智能在情感支持方面，也发挥着不可忽视的作用。针对学生学习过程中常见的挫败感强、不够自律及坚持困难等问题，部分智能系统能够捕捉学生的情感波动，为其提供个性化情感关怀。这些系统不仅具备情感智能交互能力，能够即时识别学生的情感状态，为其营造被理解、被关怀的学习氛围，还能通过构建虚拟世界，让学生在与虚拟角色的互动中享受沉浸式外语学习体验，增强自身的学习热情。在高度个性化的学习环境中，学生会拥有前所未有的学习体验。这类环境中，学生能自由选择多样化的虚拟场景与角色，精准匹配其学习目标与当前语言水平。

在虚拟世界中，学生不仅能进入外语社区，还能体验各种商务场景，与精心设计的虚拟人物进行对话，在实践中掌握口语与听力技巧。虚拟现实技术能帮助学生融入虚拟世界的外语文化氛围，使其不但能高效学习外语，还能深刻理解各种外语蕴藏的文化精髓。

三、大数据精准化外语教学

（一）大数据在高校外语精准化教学中的价值功能

1. 大数据的应用显著提升外语课程课前分析的精准度

在课前分析环节，借助丰富的结构化与非结构化数据，教师能够更客观、全面地评估学生的认知水平差异，深入把握学生的学习需求，从而设计出更具针对性的教学方案，减少仅凭经验进行课前分析可能出现的错误。在目标设定方面，大数据能帮助教师将宽泛的教学目标细化为具体可量化的指标，如单词记忆精确率、短语运用熟练度等，使学生的目标达成情况一目了然，为教师后续教学策略的调整提供科学依据。此外，在课程内容准备方面，大数据能识别并剔除教学内容中的冗余成分，紧扣学生核心素养培养目标，实现教学内容的精准定制，提升教师的教学效率。

2. 大数据推动教学实践的精准化

借助大数据技术，教师可以搭建语言学习与职业技能学习之间的桥梁，使教学实践更加贴近学生的实际需求。教师可以借助大数据技术整合线上、线下资源，构建一体化的教学平台，加强语言知识不同环节之间的联系，实现线上、线下学习资源的无缝对接。在这类平台上，学生与教师能够实时互动，跨越了时空限制，极大地提升了学习效率与教学效率。同时，教师可利用平台丰富的功能，灵活安排课堂内容与即时测验，动态监测学生的学习效果，并据此实施精准干预，如优化教学策略、调整教学节奏、根据学生认知特点丰富教学内容等。

3. 大数据推动教学评价精准化

在外语教学中，教学评价不仅是检验教学效果的重要举措，更是促进学生语言内化应用思维形成的关键环节。大数据技术的应用，为构建科学、高效的教学评价反馈体系提供了可能。通过在教学平台中嵌入评价模块，教师可以实时收集、分析学生的学习数据，掌握最具时效性、最准确的反馈信息，进而优化后续教学方案。在教育评估环节，教师可以从多维颗粒度视角深度剖析学生的学习情况，包括重要词汇的掌握状况及高频句式的运用情况等。教师可以借助自动化数据收集技术将所得数据转化为直观的可视化评估报告，实现对学生学习成效的动态可视化监测。在这类教学评价体系中，成绩数据与活动数据十分关键。成绩数据常以柱状图、雷达图、饼图等图表形式直观展示，这类图表能有效凸显不同区域间的数据差异，为教师洞察学生知识掌握情况提供帮助。活动数据则与学生的学习行为轨迹及其个性化学习档案中的学习数据密切相关，系统可凭借对学生在线自主学习参与度及任务完成度的深度分析，精准描绘每位学生的学习路径图，为教师后续教学目标的精准设定与教学策略的制定提供科学合理的数据支撑。

（二）基于大数据的高校外语精准化教学实践思路

高校外语教师可充分利用大数据技术在网络资源库中搜集语言知识、应用实践等方面的视听说资源，为教学活动奠定坚实基础。随后，教师可将这些资源灵活融入教学过程中。具体而言，教师可在班级内部学习平台上开设多元化模块，如视频资源库、虚拟现实体验区、听说训练模块及图文阅读材料等，借助高度仿真的学习环境帮助学生融入外语语境之中，增进他们对语言的理解。同时，为提升教学环境的互动性与沉浸感，高校应加大对视听教学设施的资金投入，确保学生能够使用先进的视听学习工具，满足个性化学习需求。此外，高校应鼓励外语教师紧跟时代步伐，提升信息技术应用能力，确保他们能够熟练操作各类大数据教学设备，借助这些设备提升教学质量。为制定更精确的教学目标，教师应进一步细化教学设计方案。例如，教师可围绕特定的语言对话主题，巧妙运用投影技术与 AI 技术，构建虚拟现实交流场景，调动学生感官意识，激发学生感官潜能，使其在沉浸式学习中体会文化背景，最终达到提升学习效率的目的。

高校外语教师应将教学场景拓展至课堂之外，积极学习大数据技术，减少对学生自主选择的干预，秉承“以学生为中心”的教育理念，最大化利用大数据技术增强教学效果。同时，不同语种的外语教师需考量语种特性，如普及程度、语法结构及应用广度等，在大数据平台上构建与之适配的基础架构，并优化数据资源的整合与应用。以场景对话教学为例，教师在授课前应运用大数据技术广泛搜集与对话情境相关的信息，如历史背景、空间情境、相关技术或事件等，随后利用现代多媒体技术在课前预热阶段进行展示，以营造生动的教学情境，激发学生的学习热情。此外，教师可将外语综合应用能力细化为听力、口语、阅读、写作四个维度，精心构建全方位教学体系，鼓励学生均衡发展各项技能。教师可以依托大数据技术掌握学生在各技能领域的学习情况，为每位学生定制个性化学习方案，高效提升其语言水平。

为实现精准教学目标，高校外语教师可在教学系统平台设立协作学习专区。此专区可以为学生提供一个自由交流的平台，让他们能自由讨论日常学习中的难点，学生和教师均可积极参与讨论。此外，教师可在此专区内鼓励有共同话题需求的学生进行模拟外语对话，通过场景化的实践锻炼语言能力。随后，教师可针对每位学生的语法运用熟练度、发音准确性及词汇量等方面的具体表现，对其进行个性化评分，帮助学生认识自己的真实学习情况。鉴于不同学生的语言基础与语感不同，外语学习效率也不同，教师应秉持客观公正的态度，充分尊重学生的个体差异，采取有针对性的指导策略。同时，教师应积极利用大数据资源帮助学生提升学习效率，巩固所学知识。

高校外语教师在教学实践中，应深刻把握语言习得的本质规律，充分利用互联网的丰富资源，精心整合多样化视听素材，帮助学生拓宽语言视野。在追求教学精准性的过程中，教师应巧妙设计学习任务，将视听材料融入课堂教学。如针对“科技”主题进行听力训练时，教师应精选反映目标语言国家经济发展脉络与未来趋势的视听资料，引导学生在接收信息后提炼核心要点。此举不仅能加深学生对外国文化的认知与理解，还能提升学生的语言运用能力，为学生未来在实际交流中的流畅表达奠定坚实基础。当学生有了一定视听基础后，教师可采用场景教学模式，将课程内容与真实或模拟环境深度融合，以视频资料为参考，校正学生的发音，控制语调及语速，达到“以视促听，以说带听”的教学目的。

（三）基于大数据的高校外语精准化教学类型设计

精准测试型微课设计主要分为两类：交互测试型与在线测试型。交互测试型微课是一种借助特定插件与封装平台打造的移动端学习课程，通常由教师定向发送给学生，学生则需自行将其安装至移动端设备上。此类微课的核心优势在于高度的交互性，它不仅便于教师布置、收集与评估作业，还给了学生自主选择的权利，允许他们基于个人学习需求，灵活地进行针对性测验，从而精准掌握自己的学习情况。在线测试型微课则巧妙地运用了各网站开发的在线测评功能，教师可以将各网站的在线测评二维码嵌入外语教学的 PPT 中。学生只需简单地扫描二维码，便能立即参与答题，实现即时反馈。此模式显著提升了教师对学生平时成绩与章节测试成绩的管理效率，促进了教学的便捷化。

（四）基于大数据的高校外语精准化教学优化方向

1. 深度开发媒体渠道，强调语言整体运用

在优化教学体系的过程中，高校应当充分运用大数据技术，深入开发媒体渠道，以推动外语教学的革新。高校可以借助高科技工具提升知识传播效率，全面增强学生的语言能力。具体来说，高校可以从当代大学生经常使用社交媒体，如微信、微博、抖音等入手，将这些社交媒体作为传播学习资源的阵地。这些平台不仅能传播文字、图片、视频等多种形式的学习资料，还能促进学生之间的交流与互动。学生可以自主保存感兴趣的资料，同时在评论区分享见解，与其他同学沟通，在这种愉快的氛围中获得良好的学习体验。教师则需扮演引导者及监督者的角色，借助大数据技术分析后台数据，掌握学生的讨论动态，及时清除垃圾信息，确保学习环境的纯净。此外，教师开设的个人社交媒体账号也能成为教师与学生实时沟通的桥梁，促进师生间平等互动，为提升学生的语言综合素养开辟新的途径。

2. 构建有效评价体系，实时升级教学策略

高校外语教师应着手构建一个全面、实时的评价体系。这一体系将细致地记录学生学习过程中每一个阶段的表现，为教师教学策略的持续优化提供数据支持。新的评价模式包括自我评价、学生互评和教师评价三大环节。在自我评价环节，学生可以积极参与电子学习，并通过自评表和在线测试等方式了解自己的学习情况；学生互评环节则强调团队合作与相互激励，帮助学生在相互评价中共同进步；教师评价则基于教师对学生学习全过程的深入观察与分析展开，教师可在这一环节为学生提供专业指导。通过这一评价体系，高校外语教师可以更加准确地把握学生的学习情况与需求变化，为后续的精准化教学提供有力支撑。教师评价作为

有效评价模式的核心，教师应以全面性和专业性视角看待学生自主学习中出现的各种问题，并提出富有建设性的意见，从而推动教学方案的不断优化，提升学生的学习效率。

3. 同步创建档案资料，转化反馈信息资源

面对大数据时代的海量信息，如何在教学中实现信息的精准利用，成为高校外语教师亟待解决的问题。为此，高校外语教师应积极构建学生学习档案资料体系，这一体系中的档案袋不仅包括传统纸质档案袋，还包括现代化的电子学习档案袋。电子学习档案袋的储存能力极强，能够高效集成文本、视频、图表等多种资源，不仅便于学生即时访问与整理，还确保了信息的长期保存与灵活携带，为学生的个性化学习提供了坚实的信息支撑。

4. 明确精准教学目的，回归语言交流本真

在当前的高校外语教学体系中，高校外语教师需要从根本上重新界定教学目标，构建一个能促进学生语言实际应用能力全面发展的全新教学体系。构建这一全新体系要让学生的学习过程回归到语言交流的自然状态，确立“语言应用为本”的核心理念。在外语教学过程中，高校外语教师应将教学重点放在培养学生的思想表达与情感交流能力上。同时，教师在充分利用大数据等现代技术手段辅助教学的过程中，需警惕技术过度干预教学。

参考文献

[1] 权玉华 . 当代高校外语教学与复合型外语人才培养研究 [M]. 长春：吉林出版集团股份有限公司，2023.

[2] 赵德全 . 民办高校外语教学研究 [M]. 上海：上海交通大学出版社，2018.

[3] 吴文亮 . 思行合一高校外语教师的专业能力提升与修炼 [M]. 北京：中国书籍出版社，2023.

[4] 王常颖 . 数字化时代高校外语教学转型新路径 [M]. 长春：吉林出版集团股份有限公司，2023.

[5] 吴卫平 . 高校外语教师跨文化能力发展路径研究 [M]. 武汉：武汉大学出版社，2022.

[6] 周冰 . 教育科技进课堂高校外语课堂的翻转应用 [M]. 上海：上海交通大学出版社，2022.

[7] 贾爱武 . 新时代高校外语专业建设与课程思政理论与实践 [M]. 杭州：浙江工商大学出版社，2021.

[8] 卢悦 . 高校学术研究成果丛书跨文化交际视野下的高校外语教学人才培养研究 [M]. 北京：中国书籍出版社，2023.

[9] 贾爱武 . 高校外语课程育人行动研究 [M]. 杭州：浙江工商大学出版社，2019.

[10] 李利芳，郭小华 . 信息时代高校外语教学理论与实践创新 [M]. 北京：北京工业大学出版社，2020.

[11] 徐平 . 课程思政视角下的高校日语教学策略研究——评《外语专业课程思政案例汇编》[J]. 中国油脂，2023，48（7）：164–165.

[12] 荆姗姗 . 高校外语多平台线上教学路径探索与实践 [J]. 哈尔滨职业技术学院

学报，2023（4）：148–150.

[13] 王恒，自正权 . 新文科背景下地方高校商务外语实践教学模式研究 [J]. 科教文汇，2023（11）：53–56.

[14] 马珺，李鑫，童芷遥，等 . 高校翻译人才跨文化意识研究 [J]. 海外英语，2023（8）：84–86.

[15] 汪萍，丁妍西 . 高校外语教学数字化转型探索研究 [J]. 广州广播电视大学学报，2023，23（2）：29–33，108.

[16] 夏登山 . 高校外语专业学生创新能力培养研究 [J]. 山东外语教学，2023，44（2）：49–56.

[17] 王晶 . 高校外语课程思政教学改革反思 [J]. 英语广场，2023（9）：47–50.

[18] 于守海，王巧 . 学生视角下高校外语课程思政教学要素分析及建议 [J]. 辽东学院学报（社会科学版），2023，25（1）：134–140.

[19] 王娜，孙阳 . 跨文化交际视野下高校外语语言实践教学研究 [J]. 教育教学论坛，2022（49）：86–89.

[20] 陈乘铨 . 应用型本科高校工程专业实践教学体系的探讨——以福州外语外贸学院为例 [J]. 福建建材，2019（12）：118–119.

[21] 张浩浩 . 基于 OBE 理念的多模态教学模式在高中英语阅读教学中的应用研究 [D]. 汉中：陕西理工大学，2024.

[22] 汪婷 . 大学英语课程思政优化路径研究 [D]. 南昌：江西财经大学，2023.

[23] 邓晓媛 . 高校外语教学大赛中综合英语课堂的多模态话语分析 [D]. 太原：中北大学，2022.

[24] 卢珊珊 . 高校外语专业课程思政问题研究 [D]. 芜湖：安徽师范大学，2020.

[25] 汤瑞琼 . 成果导向理念下高中英语阅读教学模式优化的行动研究 [D]. 江门：五邑大学，2019.

[26] 袁佳伟 . 情境教学法在高校日语精读教学中的应用研究 [D]. 长春：长春师范大学，2017.

[27] 邹艳秋 . 课例研讨下高校外语教师反思教学个案研究 [D]. 黄石：湖北师范大学，2017.

[28] 尹琴 . 英语专业精读课师生互动研究 [D]. 长沙：湖南大学，2014.

[29] 陈林苗 . 高校外语教师混合式课堂教学反馈研究 [D]. 武汉：华中师范大学，2014.

[30] 李四清 . 高校外语教师教学自主能力研究 [D]. 上海：上海外国语大学，2013.